Rainer Werner

Ach, ich bin des Treibens müde

50 Interpretationen deutscher Gedichte

Verlag AURIGA Berlin

Der Titel ist ein Zitat aus dem Gedicht „Wandrers Nachtlied" von Johann Wolfgang von Goethe aus dem Jahr 1776. Das Aquarell auf dem Cover stammt vom Autor. Es zeigt eine winterliche Landschaft bei Worpswede.

Rainer Werner

Ach, ich bin des Treibens müde

50 Interpretationen deutscher Gedichte

Verlag AURIGA Berlin

Biographische Information der Deutschen
Nationalbibliothek:
Die Deutsche Nationalbibliothek verzeichnet diese
Publikation in der Deutschen Nationalbibliographie;
detaillierte bibliographische Daten sind im Internet über
http://dnb.dnb.de abrufbar.

Originalausgabe, 2. Auflage 2023
© 2023 Rainer Werner
Sämtliche Rechte vorbehalten.
www.rainer-werner.com
Cover, Satz und Layout: Patricia Strunk
Herstellung und Verlag: BoD – Books on Demand,
Norderstedt
ISBN: 978-3-752804-22-5

Inhalt

Vorwort..8

Der Mensch 12

Paul Fleming: An sich (1641).............................. 13
Joseph von Eichendorff: Frische Fahrt (1815)........ 16
Joseph von Eichendorff: Zwielicht (1812)............. 19
Friedrich Hölderlin: Hälfte des Lebens (1804) 22
Eduard Mörike: Gebet (1848) 25
Rainer Maria Rilke: 9. Sonett an Orpheus (1922) .28
Rainer Maria Rilke: 12. Sonett an Orpheus (1922) 31
Hans Carossa: Der alte Brunnen (1924) 34
Gottfried Benn: Reisen (1950) 37
Christa Reinig: Mein besitz (1965)....................40

Die Liebe **45**

Johann Wolfgang von Goethe: Ginkgo Biloba (1815)
....46
Johann Wolfgang von Goethe: Gefunden (1813)....49
Conrad Ferdinand Meyer: Zwei Segel (1882).......53
Eduard Mörike: Das verlassene Mägdlein (1829).56
Kurt Schwitters: Der Zigarette Ende (1930) 59
Marie Luise Kaschnitz: Am Strande (1936)..........63
Ingeborg Bachmann: Eine Art Verlust (1962) 66
Karl Mickel: Maischnee (1962)......................... 71
Ulla Hahn: Mit Haut und Haar (1981) 74
Wolf Wondratschek: Im Sommer (1976) 77

Die Natur..**80**

Joseph von Eichendorff: Mondnacht (1837)..........81
Ludwig Uhland: Frühlingsglaube (1812)...............85
Eduard Mörike: Er ist´s (1829) 89
Eduard Mörike: Septembermorgen (1829) 89
Friedrich Hebbel: Herbstbild (1852)....................93
Hugo von Hofmannsthal: Vorfrühling (1892).......96
Rainer Maria Rilke: Herbst (1902) 101
Rainer Maria Rilke: Herbsttag (1902) 102
Gottfried Benn: Astern (1935)........................... 107
Georg Heym: Der Herbst (1911)......................... 111
Stefan George: Komm in den totgesagten park
(1897).. 114

Die Gesellschaft...**118**

Friedrich Schiller: Die Teilung der Erde (1795) .. 119
Hugo von Hofmannsthal: Manche freilich ... (1895)
.... 124
Bertolt Brecht: Fragen eines lesenden Arbeiters
(1935)... 128
Kurt Tucholsky: Augen in der Großstadt (1930) . 132
Gottfried Benn: Anemone (1936)....................... 136
Else Lasker-Schüler: Die Verscheuchte (1934) ... 139
Wolf Biermann: Portrait eines alten Mannes (1977)
.... 143
Peter-Paul Zahl: frühe tode (1975) 146
Kurt Marti: Warnung (1959) 150

Sarah Kirsch: Im Sommer (1976) 153

Vergänglichkeit und Tod **156**

Andreas Gryphius: Abend (1650) 157
Friedrich Gottlieb Klopstock: Die frühen Gräber
(1764) 161
Johann Wolfgang von Goethe: Wandrers Nachtlied
(1776/1789)...................................... 164
Johann Wolfgang von Goethe: Ein gleiches (1780)
.... 164
Friedrich Hölderlin: An die Parzen (1799).......... 168
Wilhelm Müller: Der Lindenbaum (1821) 171
Wilhelm Hauff: Reiters Morgengesang (1824).... 176
Gottfried Keller: Abendlied (1879) 180
Conrad Ferdinand Meyer: Schwüle (1864) 183
Georg Trakl: Im Herbst (1913) 186
Rainer Maria Rilke: Schlussstück (1906)............ 189
Hermann Hesse: Vergänglichkeit (1919) 192

Abbildungsverzeichnis **195**

Vorwort

Seit 1968 verleiht die Stadt Darmstadt den nach einem Lustspiel Georg Büchners benannten Leonce-und-Lena-Preis an einen Nachwuchslyriker oder eine Nachwuchslyrikerin. Der Preis gilt als bedeutendste Auszeichnung für junge Autoren auf dem Gebiet der deutschsprachigen Lyrik. Die wichtigsten Preisträger waren bislang Wolf Wondratschek (1968), Ludwig Fels, Rolf Haufs und Rainer Malkowski (alle 1979) und Ulla Hahn (1981). Bei der Ausschreibung 1983 gab es die Einsendung von 17.000 Gedichten von 1.400 Junglyrikern. Auch Literaturverlage berichteten damals, dass sie von Versen überschwemmt würden. Über dieses *„unerwartete Wiederauftauchen der Poesie"* (Michael Rutschky) ist damals viel geschrieben worden. Hans Magnus Enzensberger meinte, dass ein solcher *„poetischer Schub heute wie vor hundert Jahren zum normalen Prozess der Sozialisation"*, als *„Form der Selbstverständigung und der Selbsttherapie"* Heranwachsender gehöre. Marcel Reich-Ranicki vertrat in einem Aufsatz die These, die neue *„Lust am Gedicht* (sei) *die Kehrseite des Schreckens."* In einer Zeit der tatsächlich erlebbaren oder vorstellbaren Katastrophen – Kriege, Umweltkatastrophen, Hunger in den armen Ländern – wolle der Leser nicht das Echo dieser Endzeitstimmung, sondern *„sich selber* *wiederfinden"*. Das uns fortwährend bedrängende Grauen bewirke die Selbstbezogenheit des Zeitgenossen. Die aber finde ihr ideales Medium im Gedicht, der privatesten und intimsten Gattung der Literatur.

Wenn man mit offenen Augen durch den Alltag geht, stößt man allenthalben auf Lyrik. 2003 warb der VW-Konzern in seinen Werbebroschüren mit einem Vers von Erich Fried für seine Produkte: *„Es ist, was es ist, sagt die Liebe"*. An einer mit Graffiti besprühten Hauswand konnte man einen Vers von Angelus Silesius lesen: *„Mensch, werde wesentlich"*. Das Gedicht setzt sich so fort: *„Denn wenn die Welt vergeht, so fällt der Zufall weg, das Wesen, das besteht."*

Gedichte sorgen mitunter auch für öffentlichen Streit. 2018 ließ die Alice-Salomon-Hochschule in Berlin ein Gedicht von Eugen Gomringer von ihrer Fassade entfernen. Es sei sexistisch, weil es die Frau zum Schauobjekt erniedrige: *"Alleen / Alleen und Blumen / Blumen / Blumen und Frauen / Alleen / Alleen und Frauen / Alleen und Blumen und Frauen und ein Bewunderer"*. Gomringer zählt zu den wichtigsten Vertretern der „Konkreten Poesie". Die poetische Tilgung war ein Ausdruck der modisch gewordenen Identitätspolitik.

Zwischen dem Gedicht und seinen Lesern besteht eine geheimnisvolle Verbindung. Als Deutschlehrer konnte ich erleben, dass Schüler sich einen Lieblingslyriker erkoren, dessen Gedichte sie besonders verehrten. Sie ahmten sie nach und lernten sie auswendig. Lyriker wie Rilke, Trakl, Benn und George hatten schon zu Lebzeiten treue Anhänger, die einen Kult um ihren Liebling inszenierten. Menschen, die den Zweiten Weltkrieg überlebt haben, berichteten, dass sie in den schlimmsten Situationen – im Schützengraben oder im Luftschutzkeller – Trost durch Gedichte fanden, die sie in der Schulzeit auswendig gelernt hatten.

Ulla Hahn, eine der besten Lyrikerinnen des 20. Jahrhunderts, hat die Wirkung von Gedichten auf unsere Seele am besten beschrieben: *„Im Gedicht begegnen wir einer Sprache, die tief und lebendig in unserem Unterbewusstsein wirkt. Aus diesen verborgenen Bedeutungen bildet Dichtung Muster wie auch aus den sicht- und hörbaren. Die verborgenen aber sind die stärkeren, weil sie sich dem Intellekt, den Filtern der Sachlichkeit, entziehen. Sie können uns aus unseren Vernunft-Verstecken scheuchen – mit geradezu physischer Wucht. Dazu müssen wir auch zwischen den Zeilen und hinter den Wörtern lesen. Jedes Gedicht ist deshalb die Aufforderung an den Leser: Lies dich selbst! Gedichte sind poetische Verwandte des Orakels von Delphi: Erkenne dich selbst!"*

Die vorliegende Sammlung von fünfzig Gedichtinterpretationen verdankt sich – skurril genug – der Corona-Pandemie. Während des ersten

Lockdowns im Frühjahr 2020 kam ich auf die Idee, in meinem Facebook-Account jeden Tag ein Gedicht vorzustellen und es kurz zu interpretieren. Gedicht und Deutung waren als Aufmunterung gedacht, als Anstoß, die Zeit des häuslichen Eingeschlossenseins zu nutzen, über den Sinn unseres Lebens nachzudenken. Die Interpretationen sind nicht so germanistisch ausgefeilt, wie sie ein Lehrer im Deutschunterricht vornehmen würde. Mir geht es primär um den geistigen Gehalt, den biografischen Hintergrund und die sprachliche Aura der Gedichte. Die Online-Initiative war sehr erfolgreich. Ich erhielt viele „Likes" und zustimmende Kommentare. Eine Deutschlehrerin, die in Australien lebt, äußerte den Wunsch, die Gedichte samt Interpretationen gedruckt lesen zu dürfen. Diesem Wunsch komme ich nach, weil ich weiß: Gedichte gehören zur lebenslangen geistigen Wegzehrung des Menschen.

Berlin, im Frühjahr 2023

Der Mensch

„Nicht sind die Leiden
gelernt ...“

Paul Fleming: An sich (1641)

Sei dennoch unverzagt! Gib dennoch unverloren!
Weich keinem Glücke nicht, steh höher als der Neid,
vergnüge dich an dir und acht es für kein Leid,
hat sich gleich wider dich Glück, Ort und Zeit
verschworen.

Was dich betrübt und labt, halt alles für erkoren;
nimm dein Verhängnis an. Lass alles unbereut.
Tu, was getan muss sein, und eh man dir's gebeut.
Was du noch hoffen kannst, das wird noch stets
geboren.

Was klagt, was lobt man noch? Sein Unglück und sein
Glücke
ist ihm ein jeder selbst. Schau alle Sachen an:
dies alles ist in dir. Lass deinen eitlen Wahn,

und eh du fürder gehst, so geh in dich zurücke.
Wer sein selbst Meister ist und sich beherrschen kann,
dem ist die weite Welt und alles untertan.

Paul Fleming, Arzt und Dichter, ist mit nur 30 Jahren in Hamburg an einer Lungenentzündung gestorben. Das Gedicht "An sich" wurde ein Jahr nach seinem Tod veröffentlicht. Wie sein Dichterkollege Andreas Gryphius hat Fleming den Dreißigjährigen Krieg hautnah miterlebt. Die Eingangszeile des Gedichts "Sei dennoch unverzagt! Gib dennoch unverloren!" bezieht sich auf die schrecklichen Erlebnisse, denen die Menschen beim Gemetzel des Glaubenskrieges ausgesetzt waren. Fleming setzt nicht auf christliche Zuversicht, wie man von einem Barockdichter hätte erwarten können. Er verweist vielmehr auf die mentale Stärke des Menschen ("dies alles ist in dir"), um daraus Stärke und Zuversicht zu gewinnen. Mit dieser Botschaft weist er voraus auf die Zeit der Aufklärung, die den Menschen in den Mittelpunkt rückte. Der aufgeklärte Mensch befreit sich aus der Bevormundung durch die Religion, indem er sich auf seinen Verstand und seine seelische Kraft besinnt. Sein eigener Meister sein zu wollen, wie es am Ende des Gedichts heißt, war in der glaubensstarken Zeit des 17. Jahrhunderts eine Zumutung - nicht nur für den Klerus, der um die Gefolgschaft der Gläubigen fürchtete. Auch vielen einfachen Menschen fiel es schwer, sich aus der "selbstverschuldeten Unmündigkeit" zu befreien, wie es Immanuel Kant in seinem Aufsatz "Was ist Aufklärung?" empfahl. Umso erstaunlicher ist der Rat aus dem Munde eines Barockdichters. Als Arzt wusste Fleming allerdings, dass es der Mensch durchaus in der Hand hat, sein Schicksal ein Stück weit zu beeinflussen, z.B. durch eine gesunde Lebensweise und die Befolgung hygienischer Regeln.

Das Gedicht ist ein Sonett, eine Gedichtform, die im Barock häufig verwendet wurde. Auf zwei Quartette folgen zwei Terzette. Das Metrum ist der sechsfüßige Trochäus, den man auch Alexandriner nennt. Zehn der vierzehn Verse haben in der Mitte eine Zäsur. Das Reimschema ist der umschließende Reim (abba), der bei den Terzetten auch strophenübergreifend verwendet wird. Das Gedicht schließt mit einem Paarreim. Die Argumentation im Gedicht ist antithetisch aufgebaut: Den Zumutungen des Lebens („Verhängnis") wird das richtige Verhalten entgegengestellt. Das Gedicht endet mit einer Art Lehre („Wer selbst sein Meister ist..."), deren Beherzigung zu einem glücklichen Leben beiträgt.

Joseph von Eichendorff: Frische Fahrt (1815)

Laue Luft kommt blau geflossen,
Frühling, Frühling soll es sein!
Waldwärts Hörnerklang geschossen,
Mut'ger Augen lichter Schein;
Und das Wirren bunt und bunter
Wird ein magisch wilder Fluss,
In die schöne Welt hinunter
Lockt dich dieses Stromes Gruß.

Und ich mag mich nicht bewahren!
Weit von euch treibt mich der Wind,
Auf dem Strome will ich fahren,
Von dem Glanze selig blind!
Tausend Stimmen lockend schlagen,
Hoch Aurora flammend weht,
Fahre zu! Ich mag nicht fragen,
Wo die Fahrt zuende geht!

Wie keine andere Jahreszeit löst der Frühling im Menschen ein überschwängliches Lebensgefühl aus. Man spricht deshalb auch von Frühlingsgefühlen, die mit Neubeginn und Liebeswerben zu tun haben. Das Gedicht von Eichendorff beschwört den Frühlingsbeginn mit einem emphatischen Ausruf, der wie eine Beschwörung klingt: „Frühling, Frühling soll es sein!". Die Jagd, die sich mit Hörnerklang im Wald vollzieht, gibt dem lyrischen Ich das Signal zum Aufbruch in eine neue Lebensetappe. Der lyrische Sprecher wird verführt, die Heimat zu verlassen und sich der unbekannten "schönen Welt" auszuliefern. Ziel ist eine Entgrenzung, die nicht danach fragt, ob man in einem sicheren Hafen landet. Der Weg ins Offene ist das Ziel. Der Aufbruch ins Unbekannte gehorcht einem Befehl jenseits der Vernunft. „Von dem Glanze selig blind" bedeutet, sich den irrationalen Impulsen des Lebens auszusetzen.

Das lyrische Ich im Gedicht ist - wunderlich genug - eine Frau, wie der Kontext des Romans „Ahnung und Gegenwart", in dem das Gedicht steht, deutlich macht. Für Frauen im 19. Jahrhundert war das trotzige "Und ich mag mich nicht bewahren..." ganz und gar ungewöhnlich. Ihre gesellschaftliche Rolle war es, sich für einen ehrenhaften Mann „aufzubewahren", ihre Jungfräulichkeit zu behüten.

Auffällig ist die Häufung aktiver Verben, die Aufbruch und Bewegung ausdrücken (fließen, schießen, treiben, locken). Partizipien aus aktiven Verben unterstreichen diesen Bewegungsimpuls (lockend, flammend). Die Beschwörung der lateinischen Göttin der Morgenröte („Hoch Aurora...") verleiht dem Aufbruch eine göttliche Weihe.

Das Gedicht gehört unverkennbar der romantischen Epoche an. Fernweh, Aufbruch und Entgrenzung sind die Stichworte, mit denen die romantischen Dichter ihre Leser motivierten, ihr Leben zu „romantisieren", wie es der Dichter Novalis (Friedrich von Hardenberg) ausgedrückt hat.

Joseph von Eichendorff: Zwielicht (1812)

Dämmrung will die Flügel spreiten,
Schaurig rühren sich die Bäume,
Wolken zieh'n wie schwere Träume -
Was will dieses Graun bedeuten?

Hast ein Reh du lieb vor andern,
Laß es nicht alleine grasen,
Jäger zieh'n im Wald' und blasen,
Stimmen hin und wider wandern.

Hast du einen Freund hienieden,
Trau ihm nicht zu dieser Stunde,
Freundlich wohl mit Aug' und Munde,
Sinnt er Krieg im tück'schen Frieden.

Was heut müde gehet unter,
Hebt sich morgen neu geboren.
Manches bleibt in Nacht verloren -
Hüte dich, bleib' wach und munter!

Das Gedicht verwendet - typisch für die Romantik - Vorgänge in der Natur als Chiffren für seelische Stimmungen. Der Einbruch der Dämmerung wird vom lyrischen Ich als "schaurig" und grauenerregend empfunden. Er weckt ein Gefühl der Gefährdung menschlicher Beziehungen, von Liebe und Freundschaft. Die ängstliche, unruhige Stimmung des Sprechers äußert sich in einer irritierenden Frage: "Was soll dieses Grauen bedeuten?" und in einem warnenden Ausruf: "Hüte dich, bleib´ wach und munter!" Die Dämmerung geht über in die Nacht (ein weiteres wichtiges Romantikmotiv!), die dem Ermatteten nicht nur neue Kräfte verleihen, sondern auch Verlust und Tod bringen kann. Für den Romantiker Eichendorff ist der Dämmerungszustand also Anlass für Beunruhigung und Angst.

Dieses Gedicht ist eines der dunkelsten und traurigsten, die der Dichter uns hinterlassen hat. Es findet sich gleichfalls in seinem Roman "Ahnung und Gegenwart". Im Kontext des Romans steht das Gedicht "Zwielicht" an der Stelle, wo der junge Protagonist Friedrich seine Geliebte an einen Adeligen verliert. Es wirkt wie eine Bekräftigung der Eifersucht. Der Philosoph Theodor W. Adorno hat dieses Gedicht besonders geliebt. Die verstörende Aufforderung, das liebe Reh nicht allein grasen zu lassen, nennt er eine "schizoide Mahnung" und eine "Verfolgungsfantasie".

Robert Schumann hat das Gedicht in seinem "Liederkreis" (1840) vertont. Seine Komposition unterstreicht durch chromatische Verschränkungen den geheimnisvoll-düsteren Charakter der Verse. Das Metrum des Gedichts ist der vierfüßige Trochäus, das Reimschema ist der umschließende Reim (abba). Beunruhigung und Verunsicherung des Sprechers drücken sich in Fragen („Was will dieses Grauen bedeuten?") und in Imperativen aus („Trau ihm nicht..." / „Hüte dich..."). Naturbilder unterstreichen die schaurige Stimmung, die den lyrischen Sprecher in der Dämmerung heimsucht.

Friedrich Hölderlin: Hälfte des Lebens (1804)

Mit gelben Birnen hänget
Und voll mit wilden Rosen
Das Land in den See,
Ihr holden Schwäne,
Und trunken von Küssen
Tunkt ihr das Haupt
Ins heilignüchterne Wasser.

Weh mir, wo nehm ich, wenn
Es Winter ist, die Blumen, und wo
Den Sonnenschein,
Und Schatten der Erde?
Die Mauern stehn
Sprachlos und kalt, im Winde
Klirren die Fahnen.

Die beiden Strophen schildern zwei polar entgegengesetzte Welten. Die erste Strophe ist bestimmt von Bildern frühherbstlicher Reife und Fülle, während in der zweiten Strophe winterliche Erstarrung und erstorbenes Leben geschildert werden. In der ersten Strophe befindet sich das lyrische Ich noch im Einklang mit der lebendigen und harmonischen Natur. In Vers vier redet der Sprecher in feierlichem Ton die Schwäne an, als wollte er an der Liebe der stolzen Vögel und am vollen Leben der Natur teilhaben. Schwäne werden wegen ihres weißen Gefieders und ihres majestätisch vorgetragenen Liebesspiels als Sinnbild für die Liebe betrachtet. In der zweiten Strophe zerbricht schroff die Vorstellung von Harmonie und Lebendigkeit. Die Vorahnung des Winters wird beherrscht von Bildern der Erstarrung, der Dunkelheit und des Ersterbens der lebendigen Natur. Das lyrische Ich meldet sich klagend zu Wort: „Weh mir, wo nehm ich...". Das Bild der Mauer deutet auf Abgeschiedenheit hin, die Vokabel "sprachlos" auf menschliche Isolation. Die zerrissene Syntax in der zweiten Strophe unterstreicht die Disharmonie, die den Sprecher angesichts der imaginierten Winterwelt heimsucht. Die im Wind klirrenden Wetterfahnen auf dem Kirchturm setzen einen kalten Schlusspunkt.

Hölderlin ist 34 Jahre alt, als er dieses Gedicht schreibt. Zwei Jahre zuvor hat er die Kunde vom Tod seiner Geliebten Susette Gontard erhalten, der er seine Liebesgedichte an "Diotima" gewidmet hat. In seinem Roman "Hyperion" ist Diotima die Muse des griechischen Freiheitskämpfers Hyperion. 1803 zeigen sich bei Hölderlin erste Zeichen einer geistigen Verwirrung. 1806 wird er in eine psychiatrische Heilanstalt eingeliefert. Von 1807 bis zu seinem Tod im Jahre 1843 lebt er in der Obhut der Familie des Tübinger Tischlers Zimmer in einem Turm, den wir heute als Hölderlinturm kennen. Das Gedicht zeugt davon, dass der Dichter eine Ahnung davon hat, dass sein Leben zerbrechen könnte. Hölderlin ist vermutlich daran gescheitert, dass sich seine hohen Ideale von einer freien Gesellschaft und von einer erfüllten Liebe nicht erfüllt haben. Während seine Stubengenossen aus der Tübinger Studentenzeit Hegel und Schelling in Deutschland als Philosophen Karriere machen, lebt Hölderlin in geistiger Umnachtung. So ungerecht kann das Leben sein. Hölderlins Gedichte freilich sind unsterblich.

Eduard Mörike: Gebet (1848)

Herr! Schicke, was du willt,
Ein Liebes oder Leides;
Ich bin vergnügt, dass Beides
Aus Deinen Händen quillt.

Wollest mit Freuden
Und wollest mit Leiden
Mich nicht überschütten!
Doch in der Mitten
Liegt holdes Bescheiden.

Das Gedicht ist 1848 entstanden, als in Deutschland die bürgerliche Revolution tobte. Mörike hat davon anscheinend keine Notiz genommen. Stattdessen schreibt er ein Gedicht mit dem Titel "Gebet" und richtet es an seinen Gott. Mörike war evangelischer Pfarrer, übte das Amt jedoch nicht gerne aus. Ob es ihm am rechten Glauben fehlte, wissen wir nicht. Ständig kränkelnd, entzog er sich immer mehr seiner Predigerpflicht und schickte seinen Vikar auf die Kanzel, bis er schließlich mit 39 Jahren in den vorzeitigen Ruhestand ging. In Stuttgart wurde er Lehrer für Literatur am Königin-Katharina-Stift, einem Mädchengymnasium.

Der Wunsch, den der Sprecher im Gebet an Gott richtet, ist ungewöhnlich. Gemeinhin hat man nichts dagegen einzuwenden, wenn man vom Glück ("Freuden") begünstigt wird. Nur Unglück und Leiden möchte man vermeiden. Das Gedicht sieht in beiden Extremen eine Gefahr und wünscht sich deshalb nur ein "mittleres Glück", wie es die griechischen Philosophen anstrebten. Mitte und Maß war ihnen wichtiger als die extremen Ausschläge in der Erregungsskala der menschlichen Seele. Über dem Apollon-Tempel in Delphi prangte die Inschrift „Nichts im Übermaß". Andere Dichter sahen es ähnlich wie Mörike. Goethe schrieb in "Wanderers Nachtlied": "Ach, ich bin des Treibens müde! Was soll all der

Schmerz und Lust?" - Bei Schiller heißt es in der Ballade "Der Ring des Polykrates": "Mir grauet vor der Götter Neide, des Lebens ungemischte Freude ward keinem Irdischen zuteil." - Vielleicht ist das Gedicht, das man der literarischen Strömung des Biedermeier zurechnet, gar nicht so unpolitisch, wie es scheint. Die Revolution von 1848 war wie alle Revolutionen zuvor (vor allem die Jakobinerherrschaft in Frankreich 1793/1794) blutig und scheiterte letztlich an der Übermacht der preußischen Armee. Der sanfte Pfarrer und belesene Dichter aus Schwaben wusste, dass evolutionäre Veränderungen wirksamer sind und länger anhalten als plötzliche Eruptionen. Als Seelsorger war ihm bewusst, dass die wahre Revolution die der „Denkungsart" sein muss, wie es Immanuel Kant formuliert hat.

Rainer Maria Rilke: 9. Sonett an Orpheus (1922)

Wandelt sich rasch auch die Welt
wie Wolkengestalten,
alles Vollendete fällt
heim zum Uralten.

Über den Wandel und Gang,
weiter und freier,
währt noch dein Vor-Gesang,
Gott mit der Leier.

Nicht sind die Leiden erkannt,
nicht ist die Liebe gelernt,
und was im Tod uns entfernt,

ist nicht entschleiert.
Einzig das Lied überm Land
heiligt und feiert.

1922 schreibt Rainer Maria Rilke in einem Schaffensrausch 55 Sonette, die er an Orpheus, den berühmten Sänger aus der griechischen Mythologie, richtet. Der Sage nach hat Orpheus von Apollon, dem Gott der Musik, eine Leier (Lyra) geschenkt bekommen. Mit ihrer Begleitung singt er so betörend, dass er Götter, Menschen, Tiere, Pflanzen, ja sogar Steine erweichen kann. Das 9. Sonett verkündet die fernöstliche Weisheit vom ewigen Kreislauf der Natur, in die auch der Mensch in seiner Vergänglichkeit eingebettet ist. Den unaufhörlichen "Wandel und Gang" können wir nicht verstehen, wir können nur der Musik lauschen, die ihn begleitet. Aufgefundene Knochenflöten belegen, dass die Menschen schon vor 35.000 Jahren Musik gemacht haben. Es ist denkbar, dass der Mensch im Laufe der Evolution den Vogelsang mimetisch nachgeahmt hat. Musikalische Spuren finden sich auch in Kulturen, die über keine Schrift verfügten. Rilke sieht den Menschen als Geschöpf, das die Grundbedingungen seiner Existenz intellektuell noch nicht verstanden hat - vielleicht nie verstehen wird: Er weiß nicht, warum zum Leben auch Leiden gehört, und er hat keinen Begriff davon, was im Tod wirklich geschieht. Selbst das schöne Gefühl der Liebe hat er noch nicht "gelernt", weil er dazu neigt, die Liebe immer wieder zu zerstören, indem er das Liebesobjekt instrumentalisiert. Da dem menschlichen

Intellekt Grenzen gesetzt sind, soll er sich lieber der Musik hingeben, die wir als wortlose Sprache intuitiv verstehen, weil wir die Gefühle in uns tragen, die sie auslöst. Die Sonette an Orpheus bestechen vor allem durch ihre Sprachmagie. Auch dieses Gedicht zeigt sie in Vollendung. Jedes Wort fügt sich passend in das Ganze ein. Das daktylische Metrum ahmt den "Wandel und Gang" der Welt rhythmisch nach. Es ist ein perfektes Gedicht.

Rainer Maria Rilke: 12. Sonett an Orpheus (1922)

Wir sind die Treibenden.
Aber den Schritt der Zeit,
nehmt ihn als Kleinigkeit
im immer Bleibenden.

Alles das Eilende
wird schon vorüber sein;
denn das Verweilende
erst weiht uns ein.

Knaben, o werft den Mut
nicht in die Schnelligkeit,
nicht in den Flugversuch.

Alles ist ausgeruht:
Dunkel und Helligkeit,
Blume und Buch.

Die 55 Sonette an Orpheus schreibt Rainer Maria Rilke "wie im Diktat", wie er in einem Brief an eine befreundete Gräfin berichtet. Thema des Zyklus ist die Frage nach dem Charakter der Kunst und den Bedingungen des Dichtens. Mit der Adressierung der Gedichte an den berühmtesten Sänger der griechischen Sagenwelt, Orpheus, dem die Götter die höchste Sangeskunst geschenkt haben, will Rilke das Göttliche der Dichtkunst - seiner Kunst - betonen. Rilke ist ein Dichter, der die philosophischen Grundbedingungen des Dichtens subtil reflektiert hat. Etwas davon findet sich im 12. Sonett, das zu den bekanntesten des Zyklus zählt. Es enthält die Mahnung an die Schnellen und Hektischen, das Betriebstempo des Lebens herunterzufahren, weil sie sonst den Grundrhythmus des Lebens verfehlen. Dieser bestehe in der Dauer und im langsamen Dahingleiten der Zeit. Vor allem sollen sich die jungen Ungestümen davor hüten, sich in schnelle Abenteuer zu stürzen. Das "Ausgeruhte", das Rilke in seinem Gedicht verherrlicht, findet sich in der Natur, in den immer gleichen Abläufen des jahreszeitlichen Wechsels, und in der kulturellen Überlieferung, im Buch, das die Schätze der Vorfahren aufbewahrt.

In allen 55 Sonetten hält sich Rilke an die formalen Vorgaben dieses traditionellen Lyrik-Formats, wie z.B. der Abfolge von zwei Quartetten und zwei Terzetten.

Er wendet die Regeln aber schöpferisch an. So durchbricht er durch Zeilensprünge den Zeilenstil, der für jeden Vers einen abgeschlossenen Satz vorsieht. Auch in der metrischen Gestaltung verfährt er frei. Hier ahmt er die Schnelligkeit, die er kritisiert, nach, indem er das bewegte Metrum des Daktylus - ergänzt durch Trochäen - verwendet. Auch an diesem Gedicht kann man erkennen, dass Rilke ein Klangmagier ist, der Wendungen gefunden hat, die im Gedächtnis des Lesers nachhallen: "... denn das Verweilende / erst weiht uns ein."

Hans Carossa: Der alte Brunnen (1924)

Lösch aus dein Licht und schlaf! Das immer wache
Geplätscher nur vom alten Brunnen tönt.
Wer aber Gast war unter meinem Dache,
Hat sich stets bald an diesen Ton gewöhnt.

Zwar kann es einmal sein, wenn du schon mitten
Im Traume bist, dass Unruh geht ums Haus,
Der Kies beim Brunnen knirscht von harten Tritten,
Das helle Plätschern setzt auf einmal aus,

Und du erwachst, — dann musst du nicht erschrecken!
Die Sterne stehn vollzählig überm Land,
Und nur ein Wandrer trat ans Marmorbecken,
Der schöpft vom Brunnen mit der hohlen Hand.

Er geht gleich weiter. Und es rauscht wie immer.
O freue dich, du bleibst nicht einsam hier.
Viel Wandrer gehen fern im Sternenschimmer,
Und mancher noch ist auf dem Weg zu dir.

Es gibt Gedichte aus dem 20. Jahrhundert, die wie aus der Zeit gefallen wirken, weil ihnen jede moderne Anmutung fehlt. Ein solches Gebilde ist das Gedicht von Hans Carossa, dem Arzt und Schriftsteller aus Niederbayern, das er 1924 verfasst hat. Ein Gastgeber wendet sich beruhigend an seinen Gast: Er könne ruhig schlafen. Das Geplätscher des Brunnenwassers werde seinen Schlaf begleiten. Wenn es plötzlich aussetzt, dann nur, weil ein Wanderer mit der Hand Wasser geschöpft hat. Das handlungsarme Gedicht wirkt durch die Suggestivkraft seiner Bilder. Das Wasser des Brunnens steht für den Lebensstrom, der unaufhaltsam fließt. Die Sterne stehen für das kosmische Gesetz, in das wir eingebettet sind. Die Wanderer sind wir Menschen, die ihre Lebensreise vollenden - jeder auf seine Art. Die Gastfreundschaft, die der Sprecher des Gedichts mit väterlichem Gestus verkündet, erinnert an die zahlreichen biblischen Geschichten, in denen Gastfreundschaft als menschliches Gebot gepriesen wird. Das ganze Gedicht vermittelt ein Gefühl von Aufgehoben-Sein, und man geht sicher nicht fehl in der Annahme, dass es auch die Geborgenheit einschließt, die der christliche Glaube vermittelt. Die weit ausladenden Verse vermitteln das Gefühl von Sicherheit, das im Gedicht thematisiert wird.

Carossa hat das Gedicht im jambischen Fünfheber gestaltet. Einige Verse werden durch eine Zäsur unterbrochen. Das Reimschema ist der Kreuzreim mit männlichen und weiblichen Kadenzen. In seiner ungereimten Version hat dieses Metrum als Blankvers Eingang in die Bühnendichtung gefunden. In Carossas Gedicht unterstreichen die fünf Jamben den ruhigen Atem, den das Gedicht verströmt.

Nach der Machtübernahme der Nationalsozialisten 1933 wählte Carossa die innere Emigration und lehnte seine Berufung in die Deutsche Akademie der Dichtung ab. In einer Rede vor der Goethe-Gesellschaft sagte er 1938: „Bekennen wir uns, Gehende wie Kommende, zum Orden derer, denen alle Länder und Meere der Welt nicht genügen würden, wenn das Reich des Geistes und des Herzens unerobert bliebe". Dies war ein deutlicher Fingerzeig auf die bevorstehenden Eroberungskriege Hitlers und eine Mahnung, das humanistische Erbe Deutschlands nicht zu verspielen. Dem "Reich des Geistes und des Herzens" blieb der Dichter treu, bis er 1956 im Alter von 78 Jahren starb. Als Dichter ist Hans Carossa heute vergessen. Zwei Gymnasien in Landshut und Berlin-Spandau tragen immerhin seinen Namen.

Gottfried Benn: Reisen (1950)

Meinen Sie Zürich zum Beispiel
sei eine tiefere Stadt,
wo man Wunder und Weihen
immer als Inhalt hat?

Meinen Sie, aus Habana,
weiß und hibiskusrot,
bräche ein ewiges Manna
für Ihre Wüstennot?

Bahnhofstraßen und Ruen,
Boulevards, Lidos, Laan –
selbst auf den Fifth Avenuen
fällt Sie die Leere an –

Ach, vergeblich das Fahren!
Spät erst erfahren Sie sich:
bleiben und stille bewahren
das sich umgrenzende Ich.

Im Mittelalter sind die wenigsten Menschen gereist. Bauern und Handwerker sind kaum über ihren unmittelbaren Lebenskreis hinausgekommen. Erst die Romantik weckte die Reiselust mit der Verheißung, in der rätselhaften Ferne das Glück zu finden, das einem die enge Häuslichkeit verwehrt. Reisesehnsucht war zugleich Philisterkritik. Der von den Malern häufig gemalte "Fensterblick" steht für Fernweh und Wanderlust. Für den jungen Adeligen gehörte die Kavaliersreise - möglichst nach Italien, Frankreich oder Griechenland - zum Erwachsenwerden. Auch die Dichter erhofften sich von der Ortsveränderung neue Impulse und Inspirationen für ihr Schaffen. Neugier und Welthunger haben sie an die Orte ihrer Sehnsucht gelockt: Goethe nach Italien, Rilke nach Paris, Eichendorff nach Wien. Es gibt aber auch Dichter, die zu Hause blieben: Der Pfarrer Eduard Mörike verließ seine schwäbische Heimat nie; der verhinderte Pfarrer Friedrich Hölderlin imaginierte sich in die Ferne, in ein ideal gedachtes Griechenland. Gottfried Benn, der als Arzt ein sehr stationäres Leben geführt hat, zweifelte daran, ob die Selbsterlösung des Menschen von seinen seelischen Beschwernissen durch Ortsveränderung erreicht werden kann. Der Verheißung "Dort, wo du nicht bist, ist das Glück!" hat er nie vertraut. Vermutlich wusste er, dass man in der Ferne doch nur sich selbst begegnet. Das Gedicht "Reisen" verleiht diesen Zweifeln Ausdruck. Das Erlebnis des Fremden vermag das eigene Ich nicht zu ändern, weil der Wesenskern des Individuums, sein Charakter, unveränderlich ist. Das "sich umgrenzende Ich" ist dieser innere Kern, den man im Lauf seines Lebens gebildet hat und der sich Veränderungen entzieht. Die ökologische Bewegung zur Eindämmung der Klimaerwärmung hat sich einem Lebensstil verschrieben, der das Reisen in die Ferne einschränken soll. „Flugscham" wurde zu einem häufig verwendeten Begriff. Menschen, die freiwillig Verzicht auf Weltenbummelei leisten, entdecken etwas, was sie bisher durch Betriebsamkeit, Mobilität und Extraversion übertönt haben: eine reiche Innenwelt. "Nach innen geht der geheimnisvolle Weg", dichtete Friedrich von Hardenberg (1772-1801), der sich den schönen Künstlernamen Novalis zugelegt hatte. Der kühle Rationalist Gottfried Benn tat es dem schwärmerischen Romantiker gleich. Benns großer Vorgänger Goethe lebte, wenn man zwei Reisen abzieht, die ihn in die Schweiz und nach Italien führten, 57 Jahre an einem Ort: in Weimar. Er wusste, warum das Lebensglück nicht auf ferne Welten angewiesen ist: „Willst du immer weiter schweifen? / Sieh, das Gute liegt so nah. / Lerne nur das Glück ergreifen. / Denn das Glück ist immer da." ("Erinnerung")

Christa Reinig: Mein besitz (1965)

Ich habe einen mantel in die jackentasche zu stecken
  einen taschenmantel
ich habe ein radio in die jackentasche zu stecken
  ein taschenradio
ich habe eine bibel in die jackentasche zu stecken
  eine taschenbibel
ich habe gar keine solche jacke mit taschen
  gar keine taschenjacke

ich habe eine schnapsflasche mit zwölf gläsern für
mich
  und alle meine onkels und tanten
ich habe eine kaffeekanne mit vier tassen für mich
  und meine drei besten freundinnen
    ich habe ein schachbrett mit schwarzen und weißen
steinen für mich
  und einen freund
ich habe gar keine freunde einzuladen
  niemanden

ich habe einen Himmel endlos über mir
  darunter mich wiederzufinden
ich habe eine stadt voll straßen endlos
  darin mir zu begegnen
ich habe ein lied endlos und endlos
  darin ein- und auszuatmen
ich habe nicht mehr als ein gras zwischen zwei
pflastersteinen
  nicht mehr zu leben

Das Gedicht zeigt die Folgen des Wirtschaftswunders, das nach dem 2. Weltkrieg in der Bundesrepublik Deutschland den Wiederaufbau bestimmte. Die Warenlager quollen über, der Versandhandel wurde erfunden (Quelle, Otto). Zum ersten Mal seit langer Zeit gab es Dinge im Überfluss, für die die Menschen zuvor noch hatten anstehen müssen. Auch die Zeit der Lebensmittelmarken lag erst wenige Jahre zurück. Die Dichterin nennt Waren, die durch ihre Miniaturisierung Aufsehen erregten: Taschenmantel, Taschenradio und Taschenbibel. Allerdings hat die Sprecherin für diese neumodischen Artikel keine Verwendung. Auch Gläser- und Kaffee-Sets hält sie für überflüssig, weil sie niemanden hat, den sie zur geselligen Runde einladen könnte. In der dritten Strophe enthüllt die Dichterin ihren eigenen Reichtum, der ohne die Warenflut auskommt, die einem die Werbung schmackhaft macht: Sie hat den Himmel über sich zum Träumen und die Straßen der Großstadt zum Flanieren. Diese "Güter" sind kostenlos zu haben, "bereichern" die Besitzerin jedoch mehr als die käuflichen Waren. Letztlich braucht die Sprecherin nicht mehr zum Leben als die Natur, die sie minimalistisch als das "gras zwischen zwei pflastersteinen" beschreibt. Das Gedicht ist ein Zeugnis der lebensphilosophischen Erkenntnis "Weniger ist mehr". Was heute viele Lebensratgeber verkünden, war in den 1960er Jahren noch eine Haltung, die Aufsehen erregte. Wenn die Studentenbewegung nach 1968 von "Konsumterror" sprach und die Grünen nach ihrer Gründung 1980 Konsumverzicht predigten, konnten sie sich auf Christa Reinig als frühe Protagonistin berufen. Das Gedicht ist formal im Reihungsstil gestaltet, in jeder Zeile gibt es die Anapher "Ich". Auffällig ist, dass nur zwei Wörter großgeschrieben werden: "Mein" (in der Überschrift) und "Himmel" (im Text). Wenn man die beiden Wörter kombiniert, entsteht als Botschaft des Gedichts: „Mein Himmel" besteht nicht aus den Waren der Konsumwelt, sondern aus dem, was mein Leben wirklich bereichert: aus der Natur und einem Lied. Das Lied steht für die flüchtigste aller Künste, die Musik, deren Töne z.B. nach dem Anschlag der Klaviertasten rasch verklingen. Gerade diese vergängliche Kunst kann auf rätselhafte Weise Trost spenden.

Christa Reinig war Arbeiterkind, Fabrikarbeiterin und Trümmerfrau. An der Arbeiter- und Bauernfakultät der Humboldt Universität zu Berlin erwarb sie ihr Abitur, um dann Kunstgeschichte zu studieren. Armut und Entbehrungen waren ihr also nicht fremd. Das Gedicht hat ein berühmtes Vorbild: „Inventur" von Günter Eich aus dem Jahr 1945. Dort heißt es: „Dies ist meine Mütze, / dies ist mein Mantel, / hier mein Rasierzeug / im Beutel aus Leinen." Es zählt die Habseligkeiten auf, die ein in Gefangenschaft geratener Soldat besitzt und die für ihn existentielle Bedeutung gewinnen. So hat jede Zeitepoche ihren Minimalismus.

Die Liebe

„brennend heiß ihr roter
Mund"

Johann Wolfgang von Goethe: Ginkgo Biloba (1815)

Dieses Baums Blatt, der von Osten
Meinem Garten anvertraut,
Gibt geheimen Sinn zu kosten,
Wie's den Wissenden erbaut,

Ist es Ein lebendig Wesen,
Das sich in sich selbst getrennt?
Sind es zwei, die sich erlesen,
Dass man sie als Eines kennt?

Solche Frage zu erwidern,
Fand ich wohl den rechten Sinn,
Fühlst du nicht an meinen Liedern,
Dass ich eins und doppelt bin?

Wenn sich ein Liebespaar gefunden hat, schwört es, nie mehr voneinander zu lassen. Selbst kurzfristige Trennungen werden als Zumutung empfunden. In der Liebe verschmelzen die beiden Individuen zu einer symbiotischen Einheit. Der Zahn der Zeit und die unterschiedliche Entwicklung der Liebenden bewirken erste Bruchlinien in der engen Liebesverbindung. Goethe liefert mit seinem kleinen Gedicht aus dem Jahr 1815 eine interessante Anregung für Liebende, wie sie die Erosion der Liebesgefühle verhindern können. Dazu müssen sie lernen, mit der Dialektik von Nähe und Distanz umzugehen. Ausgehend von der merkwürdigen Zerklüftung des Blattes des asiatischen Ginkgo-Baums beschreibt der Dichter die ideale Paarbeziehung. Das Paar, das sich gefunden hat, ist in der Liebe eins, als Menschen bleiben sie jedoch zwei Individuen. Das Gedicht zeigt die Dialektik des Liebens und sein Erfolgsgeheimnis. Man kann mit dem / der Geliebten verschmelzen, aber dennoch als autonomes Individuum bestehen bleiben. Die Hingabe an den Liebespartner führt nie zur völligen Preisgabe der eigenen Individualität. Deshalb sagt der Liebende im Gedicht zu seiner Geliebten, dass er gleichzeitig "eins" und "doppelt" sei.

Goethe hat stets ein großes Interesse an den Gesetzmäßigkeiten der Natur gezeigt. Deshalb ist es nicht verwunderlich, dass er die Vision von der idealen

Liebesbeziehung der Form eines Blatts abgesehen hat. Goethe war sinnlichen Eindrücken immer sehr zugetan. Als Augenmensch sind ihm Besonderheiten in der Natur nicht verborgen geblieben. Im Rahmen seiner Naturstudien entdeckte Goethe die „Urpflanze", den grundlegenden Typus einer Pflanze, aus dem sich alle Pflanzenarten entwickeln. Das Gedicht gehört der klassischen Periode in Goethes Schaffen an. Für die Klassik war es charakteristisch, aus der Anschauung der Natur Vorbilder für das Leben des Menschen abzuleiten.

Im formalen Aufbau ist das Gedicht einer pädagogischen Unterweisung nachempfunden. Der „Pädagoge" präsentiert das merkwürdig geformte Blatt eines asiatischen Baums, der „von Osten" in unser Land kam. Dann stellt er Fragen, deren Antworten das Geheimnis des Blattes enthüllen sollen: Ist es ein Blatt, das sich in zwei Hälften getrennt hat? Oder haben sich zwei Teile zu einem Ganzen zusammengefügt? Die letzte Strophe bringt die Auflösung: Je nach Blickwinkel und Interpretation treffen beide Befunde zu. Die Anrede an die anonyme Geliebte überträgt das „biologische" Gedicht in die menschliche Sphäre.

Das Ginkgo-Blatt samt Gedicht auf einer Ansichtskarte ist zur wichtigsten Goethe-Devotionalie in den Weimarer Souvenirshops geworden.

Johann Wolfgang von Goethe: Gefunden (1813)

Ich ging im Walde so für mich hin,
und nichts zu suchen, das war mein Sinn.

Im Schatten sah ich ein Blümchen steh'n,
wie Sterne leuchtend, wie Äuglein schön.

Ich wollt' es brechen, da sagt' es fein:
Soll ich zum Welken gebrochen sein?

Ich grub's mit allen den Würzlein aus,
zum Garten trug ich's, am hübschen Haus,

Und pflanzt es wieder am stillen Ort;
Nun zweigt es immer und blüht so fort.

Das berühmte Gedicht hat eine weltpolitische Vorgeschichte. Nach der Niederlage Preußens gegen Napoleon in der Schlacht von Jena und Auerstedt am 14. Oktober 1806 wurde auch die Stadt Weimar von französischen Soldaten geplündert. Goethes Geliebte Christiane Vulpius trat den in das Haus am Frauenplan eindringenden Soldaten mutig entgegen, obwohl sie kein Wort Französisch sprach. Sie konnte die Soldateska so lange aufhalten, bis der französische Stadtkommandant erschien und Goethes Haus unter seinen persönlichen Schutz stellte. Aus Dankbarkeit heiratete Goethe seine Hausfreundin Christiane fünf Tage später, am 19. Oktober 1806, in der Sakristei der Jakobskirche. Damit legalisierte er die uneheliche Verbindung, die er 1788 mit Christiane eingegangen war. In Erinnerung, wie er Christiane einst im Park an der Ilm getroffen hatte, und zur Bekräftigung seiner Liebe schickte er ihr das kleine Gedicht „Gefunden" in einem Brief vom 26. August 1813, zwei Tage vor seinem 64. Geburtstag.

Das Gedicht ist ein Gelegenheitsgedicht, dem man aber die vordergründige Motivation seiner Entstehung nicht anmerkt. Goethe war es gegeben, auch den Gedichten, die ihre Entstehung einer alltäglichen Begebenheit verdanken, poetischen Glanz zu verleihen. Es fällt nicht schwer, die Naturmetaphorik auf das Ereignis zu übertragen, der Goethe seine Bekanntschaft mit seiner

Geliebten verdankt. Das Gedicht schildert, wie ein männliches Wesen durch Zufall („und nichts zu suchen, das war mein Sinn") auf eine Frau trifft und sich in ihre Schönheit verliebt („wie Sterne leuchtend, wie Äuglein schön"). Der Mann legt nicht das gängige männliche Gebaren an den Tag, das sich auch die Dichter des „Sturm und Drang" gegenüber jungen Mädchen nicht versagt haben: die schnelle Eroberung und das baldige Lebewohl. Wie man eine Blume samt ihren Wurzeln in den häuslichen Garten umpflanzt, hat Goethe der Liebesbeziehung zu Christiane Dauer verliehen, indem er sie in sein Haus aufgenommen hat. Das Gedicht besteht aus fünf Zweizeilern, griechisch Distichon genannt. Das Reimschema ist der Paarreim, das Metrum besteht aus dreihebigen Jamben, die in jedem Vers durch einen Anapäst ergänzt werden. Der dadurch entstehende wiegende Takt verleiht dem Gedicht einen schreitenden Rhythmus, der die Handlung unterstreicht („Ich ging im Walde so für mich hin").

Das Gedicht "Gefunden" steht inhaltlich in Kontrast zu Goethes bekanntem Lied "Heideröslein" aus dem Jahre 1771. Dort wird geschildert, wie ein „wilder Knabe" eine Rose bricht, um sie nicht nur zu betrachten, sondern zu besitzen. Auf der Ebene menschlicher Verhaltensweisen kommt das einem sexuellen Übergriff gleich, den das Mädchen trotz ihrer

Gegenwehr erleiden muss. Beide Gedichte schildern auf metaphorischer Ebene zwei diametral entgegengesetzte Verhaltensweisen des Mannes gegenüber einer Frau. Das Gedicht des 22-jährigen Dichters spielt mit der gewaltsamen Inbesitznahme der Frau, während der gereifte Dichter die Liebe zu einer Frau mit der Fürsorge für sie verbindet.

Goethe fand sein Gelegenheitsgedicht „Gefunden" so gut, dass er es später in seine Gedichtsammlungen aufnahm.

Conrad Ferdinand Meyer: Zwei Segel (1882)

Zwei Segel erhellend
Die tiefblaue Bucht!
Zwei Segel sich schwellend
Zu ruhiger Flucht!

Wie eins in den Winden
Sich wölbt und bewegt,
Wird auch das Empfinden
Des andern erregt.

Begehrt eins zu hasten,
Das andre geht schnell,
Verlangt eins zu rasten,
Ruht auch sein Gesell.

Der Leser dieses Gedichts wird schnell begreifen, dass es sich nur vordergründig um ein Gedicht über ein Segelboot handelt. Es ist ein Liebesgedicht, das sich zur Veranschaulichung lediglich der Mechanismen bedient, die ein Segelboot antreiben. Ein Segelboot hat in der Regel zwei Segel, ein größeres und ein kleineres. Beide sind für den Antrieb des Bootes gleich wichtig. Sie füllen sich, wenn sie richtig eingestellt sind, gleichzeitig mit Wind, was den Antrieb bewirkt. Bei starkem Wind ist der Vortrieb enorm, bei schwachem Wind gering, bei Flaute schläft er ein. Auf die Ebene der Liebe übertragen, bedeutet dies, dass stürmische Zeiten der Liebe mit eher moderaten abwechseln. Die "Flucht" in der ersten Strophe könnte bedeuten, dass die Liebenden die Menschen meiden, um ihr Liebesgefühl für sich allein auszukosten. Ganz geht die Analogie zwischen den zwei Segeln und den beiden Liebenden nicht auf. Wer schon einmal unglücklich geliebt hat, weiß, dass die Erkaltung der Gefühle selten von beiden gleichzeitig erlebt wird. Deshalb gehen Trennungen in der Regel immer nur von einem Partner aus. Diese kleine Unstimmigkeit tut dem Gedicht keinen Abbruch. Es bleibt ein stimmiges Gedicht über die Liebe, das mit nur einem Bild auskommt, um das Auf und Ab dieses Gefühls zu beschreiben. Die Bewegung des Segelboots wird durch ein bewegtes

Metrum nachempfunden, das aus Jambus und Anapäst besteht.

Für solche Gedichte hat sich der Begriff "Dinggedichte" eingebürgert, weil sie einen Sachverhalt nicht explizit, sondern in Analogie zu einem "Ding" beschreiben. Diese Lyrik-Gattung entsteht in der zweiten Hälfte des 19. Jahrhunderts. Ihr wichtigster Vertreter ist Rainer Maria Rilke.

Conrad Ferdinand Meyer war ein gefährdeter Mensch. Mehrfach erlebte er psychische Zusammenbrüche, die ihn zum Aufenthalt in psychiatrischen Anstalten zwangen. Die letzten Jahre lebte er in einem Dämmerzustand dahin. Wie so oft bei großen Kunstwerken, sieht man ihnen nicht an, mit welchen Leiden ihre Schöpfer behaftet sind. Dieses makellos schöne Gedicht gehört zum Schatz der deutschen Poesie.

Eduard Mörike: Das verlassene Mägdlein (1829)

Früh, wann die Hähne krähn,
Eh die Sternlein verschwinden,
Muss ich am Herde stehn,
Muss Feuer zünden.

Schön ist der Flammen Schein,
Es springen die Funken;
Ich schaue so drein,
In Leid versunken.

Plötzlich, da kommt es mir,
Treuloser Knabe,
Dass ich die Nacht von dir
Geträumet habe.

Träne auf Träne dann
Stürzet hernieder;
So kommt der Tag heran -
O ging er wieder!

Eduard Mörike ist der Dichter der leisen Töne. Das kann man an diesem Gedicht sehr gut nachvollziehen. Eine Magd erfüllt den Auftrag ihrer Herrin, frühmorgens das Feuer im Herd anzuzünden, damit im Haushalt gekocht werden kann. In der bäuerlich-handwerklichen Kultur des 19. Jahrhunderts ist das eine alltägliche Pflicht für das Dienstpersonal. Die Magd schaut in das Feuer und wird von traurigen Gefühlen erfasst. Hier erkennt man, dass man es mit einem Liebesgedicht zu tun hat. Das Feuer steht für die entflammte Liebe, die das Mädchen wieder verloren hat. Schuld daran ist der untreue Liebhaber, der sich einer anderen zugewandt hat. Beim Betrachten des Feuers erinnert sie sich an einen Traum, in dem sie den "treulosen Knaben" erlebt hat. Träume dienen dazu, die Probleme des Tages seelisch zu bewältigen. Das Bewusstwerden der Untreue lässt das Mädchen in Tränen ausbrechen. Es wünscht sich, dass der Tag vergehen möge, weil er die Erfüllung durch die Liebe doch nicht gewähren kann. Im Traum jedoch könnte sie dem Geliebten noch einmal nahe sein. Das Gedicht stammt aus einer Zeit, in der die moderne Psychologie noch nicht erfunden war. Als Pfarrer war Mörike jedoch ein großer Seelenkenner, wie man aus seinen einfühlsamen Briefen entnehmen kann. Seelsorge gehört zu den wichtigsten Pflichten eines Geistlichen. Mit der Liebe hat Mörike selbst kein großes Glück gehabt. Noch als Pfarrer lebte er mit seiner Mutter und seiner Schwester Klara zusammen. Erst mit 47 Jahren geht er eine Ehe ein, die nicht gerade von Leidenschaft geprägt war. Für einen Dichter zählen in erster Linie Fantasie und Imagination. So hat Eduard Mörike einige unsterbliche Liebesgedichte geschrieben. Dazu gehört auch dieses Gedicht.

Kurt Schwitters: Der Zigarette Ende (1930)

Die Zigarette lag im Gras,
Zertreten und zu Tode wund.
Der Wind war kalt, der Boden nass
Doch brennend heiß ihr roter Mund.

Ein Leuchtwurm kam herangeflogen
Und fühlte stark sich angezogen.
Er dachte sich, ein schöner Stern
Wär´ abgerutscht vom Himmelszelt

Zu loben unseren güt´gen Herrn
In dieser bösen Sündenwelt.
Jedoch im letzten Todeskampfe
Verglühte sie im eig´nen Dampfe.

Da sagte er: „Dem Herrn zum Gruß,
Ich schätze schöne Dinge sehr
Nimm meinen heißen Glühwurm-Kuss",
Doch sie, sie setzte sich zur Wehr.

Und er verbrannte ohn´ Erbarmen
In ihren heißen Liebesarmen.

Das Gedicht thematisiert die Gefahren, die in der verzehrenden Leidenschaft auf die Liebenden lauern. Das Gedicht erfindet das eigentümlichste Liebespaar, das man sich vorstellen kann. Ein Glühwürmchen ist der Mann, eine verglühende Zigarette, die am Boden liegt, die Frau. Die Liebesbegegnung ist das Resultat einer Täuschung des Mannes, der das Liebesobjekt verkennt und diesen Irrtum mit dem Leben bezahlt. Gestaltet ist diese Begegnung als Rollengedicht mit Hilfe der Figurenrede. Zentrales Motiv ist die Verblendung aus Liebe. Die Liebe ist für den Mann (Glühwürmchen) ein tödlicher Irrtum. Er folgt den erotischen Signalen („brennend heiß ihr roter Mund"), die ihn magisch anziehen. Der Überschwang großer Gefühle („ein schöner Stern"/ "vom Himmelszelt") macht ihn blind für die widrigen Umstände der Liebe („Wind ... kalt, ... Boden nass"). Die Liebe wird in Anlehnung an ein romantisches Motiv als Schwärmerei ohne Bodenhaftung verstanden, weshalb die Anziehung auch so unwiderstehlich ist. Der Geliebte versteigt sich sogar zu der Annahme, die Geliebte sei ihm von Gott als himmlisches Geschenk gesandt worden. Sie solle in dieser „Sündenwelt" von einer besseren Welt künden. Dieses christliche Motiv wird ironisch verwendet, da die Illusion, die Geliebte sei eine Botin Gottes, ein Engel, zur völligen Verkennung des Liebesobjekts und letztlich in den Untergang führt.

Die Ironie erkennt man schon an der schiefen Metapher „abgerutscht vom Himmelszelt". In dem Begriff der „bösen Sündenwelt" könnte allerdings auch verhalten die Gesellschaftskritik anklingen, die in der Weimarer Republik von vielen Dichtern vornehmlich an der modernen Großstadt geübt wurde. Die verzehrende Glut der Liebe - hier ist das Wort „Glut" durchaus wörtlich zu nehmen - endet für den Mann im Tod, der euphemistisch verbrämt wird: „... er verbrannte ... / In ihren ... Liebesarmen".

Das Wortfeld wird in diesem Gedicht dominiert von Wörtern aus dem Bedeutungsbereich „Feuer", „Hitze" und „Glut". Diese Wörter unterstreichen das zentrale Motiv der verzehrenden Leidenschaft. Der Sprachduktus des Gedichts, vor allem das werbende Gespräch des Mannes, legt nahe, dass der Dichter von der „bösen Sündenwelt" nur augenzwinkernd, also ironisch, spricht. Es ist eine Welt, die eine magische Anziehung ausübt (die „sündige Großstadt" als klassisches expressionistisches Motiv), deren Gefahren man sich des Genusses wegen aber gerne aussetzt. Das regelmäßig in vier Strophen zu je vier Versen gebaute Gedicht bekommt eine dramatische Schlusspointe, indem der Liebestod in zwei abschließenden, für sich stehenden Versen gestaltet wird.

Kurt Schwitters war Bildender Künstler, Grafiker und Schriftsteller in einer Person. War er in seiner Jugend noch vom Expressionismus und Konstruktivismus beeinflusst, schafft er im Jahre 1919 den Durchbruch zu einem eigenständigen Stil. Die folgenden Werke sind stark vom Dadaismus und Surrealismus geprägt. Berühmt wurde er durch das Gedicht „An Anna Blume" (1919).

Marie Luise Kaschnitz: Am Strande (1936)

Heute sah ich wieder dich am Strand
Schaum der Wellen dir zu Füßen trieb
Mit dem Finger grubst du in den Sand
Zeichen ein, von denen keines blieb.

Ganz versunken warst du in dein Spiel
Mit der ewigen Vergänglichkeit
Welle kam und Stern und Kreis zerfiel
Welle ging und du warst neu bereit.

Lachend hast du dich zu mir gewandt
Ahntest nicht den Schmerz, den ich erfuhr:
Denn die schönste Welle zog zum Strand
Und sie löschte deiner Füße Spur.

Von der Dichterin, die eigentlich Marie Luise Freifrau Kaschnitz von Weinberg hieß, kennen viele nur ihre bekannten Erzählungen, wie "Lange Schatten", "Popp und Mingel" und "Ferngespräche". Aber auch in ihren Gedichten findet die Dichterin einen nur ihr eigenen Ton. Besonders schön ist das Gedicht "Am Strande". Es ist ein Gedicht über die Liebe und über die Vergänglichkeit des Lebens. Das lyrische Ich - vermutlich eine Frau - beobachtet, wie ihr Geliebter am Strand Zeichen in den Sand malt. Von den Wellen, die die Figuren auslöschen, lässt er sich nicht entmutigen, sondern beginnt sein Werk aus Neue. Während er ganz in das Spiel vertieft ist und sich nur einmal der Geliebten lachend zuwendet, empfindet sie einen stechenden Schmerz, weil sie in den von den Wellen zerstörten Figuren ein Sinnbild für die Vergänglichkeit der Liebe und des Lebens sieht. Die Botschaft des Gedichts ist denkbar einfach und schon oft verkündet - in vielen Gedichten unserer Dichter. Marie Luise Kaschnitz gelingt es dennoch, für die Vergänglichkeit unseres Lebens ein sinnfälliges Bild zu prägen. Die Sprache, mit der sie das Gedicht gestaltet, ist elegant und leichtfüßig zugleich. Nur selten gelingt Dichtern ein so harmonisch in sich ruhendes Meisterwerk. Das Gedicht zählt zu der literarischen Strömung der sog. Inneren Emigration, die von Dichtern begründet wurde, die sich der Herrschaft des

Nationalsozialismus durch die Besinnung auf elementare Lebensbereiche wie Natur, Liebe, Religion entzogen. Ihr "Protest" liegt in der Beschwörung der Kontinuität des Menschlichen, dem die totalitäre Macht nichts anhaben kann.

Ingeborg Bachmann: Eine Art Verlust (1962)

Gemeinsam benutzt: Jahreszeiten, Bücher und eine Musik.
Die Schlüssel, die Teeschalen, den Brotkorb, Leintücher und
ein Bett.
Eine Aussteuer von Worten, von Gesten, mitgebracht,
verwendet, verbraucht.
Eine Hausordnung beachtet. Gesagt. Getan. Und immer die
Hand gereicht.

In Winter, in ein Wiener Septett und in Sommer habe ich
mich verliebt.
In Landkarten, in ein Bergnest, in einen Strand und in ein
Bett.
Einen Kult getrieben mit Daten, Versprechen für unkündbar
erklärt,
angehimmelt ein Etwas und fromm gewesen vor einem
Nichts,

(- der gefalteten Zeitung, der kalten Asche, dem Zettel mit
einer Notiz)
furchtlos in der Religion, denn die Kirche war dieses Bett.

Aus dem Seeblick hervor ging meine unerschöpfliche
Malerei.
Von dem Balkon herab waren die Völker, meine Nachbarn,
zu grüßen.
Am Kaminfeuer, in der Sicherheit, hatte mein Haar seine
äußerste Farbe.
Das Klingeln an der Tür war der Alarm für meine Freude.

Nicht dich habe ich verloren,
sondern die Welt.

Das Gedicht hat einen unverkennbar biografischen Hintergrund. Die Dichterin lebte von 1958 bis 1962 mit dem Schweizer Schriftsteller Max Frisch in einer Liebesbeziehung. Als sie endete, kam sie lange Zeit über den Verlust des Geliebten nicht hinweg. Sie gab sich der Tabletten- und Alkoholsucht hin und wurde mehrfach in Kliniken behandelt. Ihr Hang zur Selbstzerstörung endete in einem frühen Tod. Sie verbrannte in ihrer Wohnung in Rom, als sich des Nachts die Matratze durch eine Zigarette entzündete. Das Gedicht ist kurz nach der Trennung des Liebespaares, die von Frisch ausging, entstanden.

In einem protokollhaft-sachlichen Stil werden die einstmaligen Gemeinsamkeiten aufgezählt. Es ist eine bunte Mischung dessen, was man in einem gemeinsamen Haushalt miteinander teilt. Die Gegenstände betreffen Ernährung, geistige Interessen und Erotik. Für Schriftsteller wichtig ist die Kommunikation, die von der Dichterin in der originellen Metapher „Aussteuer von Worten" veranschaulicht wird. Die Beziehung war eng und solidarisch („...immer die Hand gereicht"). Die Liebe hat der Sprecherin eine neue Wahrnehmungstiefe geschenkt. Die Musik, die Jahreszeiten, die Landschaften und die Erotik werden von ihr auf neue Art entdeckt und erlebt. In der Mitte der zweiten Strophe wendet sich der bislang positive Rückblick in die glückliche Zeit ihrer Beziehung ins Negative. In den Wendungen „angehimmelt ein Etwas" und „fromm gewesen vor einem Nichts" klingt an, dass die Geliebte ihre Liebe an jemanden verschwendet hat, der es vielleicht gar nicht wert gewesen ist. Die Adverbien „Etwas" und „Nichts" könnten auch bedeuten, dass der Geliebte trotz ihrer großen Zuneigung für sie nicht zu fassen war, weil er sich ihren Gefühlen entzog. Die zweizeilige Zwischenstrophe verdeutlicht, dass vor allem eine erfüllte Erotik ihre Beziehung bestimmt hat. Die blasphemisch anmutende Formulierung „die Kirche war dieses Bett" zeigt, dass sie der erotischen Vereinigung fast den Stellenwert eines sakralen Aktes beigemessen hat. Die Liebe garantierte der Sprecherin vor allem ein intensives Leben: in der künstlerischen Inspiration, im Kontakt zur Umwelt und in der Geselligkeit. Das Gedicht endet abrupt mit zwei kurzen Versen, die antithetisch strukturiert sind. Sie bilden das Fazit der überschwänglichen Schilderung des Liebeslebens. Durch die Trennung hat die Sprecherin nicht in erster Linie die Person des Geliebten verloren, sondern die Verankerung in der Welt, ihre stimmige Identität. Der ehemalige Geliebte wird direkt angesprochen. Die dramatisch anmutende Schlusswendung steht in deutlichem Kontrast zum lapidar und beiläufig klingenden Titel des Gedichts

„Eine Art Verlust", der die Leser auf eine falsche Fährte lockt. Der Verlust war für die Sprecherin existentiell.

Karl Mickel: Maischnee (1962)

Sie sagte nichts, als ich ihr offen sagte:
„Es hängt von mir ab, wann ich wieder geh"
Ihr damit sagend, anstatt dass ich klagte
Wie gern ich sie besäh von Kopf bis Zeh.

Der Regen wärmte, als wir raschen Schrittes
Uns suchten einen Ort, dass dies gescheh.
Da sagte sie: „Nur dieses und kein Drittes:
Bis morgen oder bis zum ersten Schnee."

Sie lag im weißen Laken und sie litt es.
Erst nach der ersten Frühe sprach sie: „Ach
Ich bin ein Haus mit siebenfachem Dach."

Dann sahen wir: Es schneite. Sie bestritt es.
Ich merkte wohl: Es ist mit ihr was Bittres
Und war zum Gehen wiederum zu schwach.

Zwei Liebende handeln die Bedingungen ihrer Liebe aus, vor allem ihre zeitliche Dauer. Der Mann ist - der traditionellen Rollenverteilung gemäß - der Forsche, Dominante, der zuerst das Wort ergreift. Er will die Dauer der Liebesbeziehung bestimmen. Auch das erotische Begehren geht von ihm aus. Nach dem Liebesakt formuliert auch sie ihre Bedingung: Höchstens bis zum nächsten Schneefall würde sie mit ihm zusammenbleiben. Da das Geschehen vermutlich im Frühling spielt, scheint der nächste Schnee noch fern - bis ein kleines Naturwunder geschieht und auch der Mai (so der Titel) Schnee beschert. Anstatt ihr Versprechen einzulösen, streitet sie - die Realität verleugnend - den Schneefall ab. Auch er bringt nicht die Kraft auf, die Geliebte zu verlassen.

Das Gedicht ist in den 1960er Jahren entstanden, in denen die jungen Menschen sich nicht dauerhaft an einen Liebespartner binden, sondern Beziehungen "ausprobieren" wollten. Anhängsel eines Mannes zu sein, war für Frauen mit einem schlimmen Makel behaftet. Das Gedicht zeigt jedoch, dass Rationalität in erotischen Dingen nicht gut funktioniert. Es ist vergeblich, Liebesgefühle abwehren zu wollen. Das Gedicht negiert eine typisch deutsche Tugend: die Konsequenz. In der Erotik konsequent zu handeln, schon gar nach einem gefassten Plan, ist ein illusorisches Unterfangen.

Frauen mögen an dem Gedicht kritisieren, dass es doch noch sehr stark den typischen Mann-Frau-Rollenklischees verhaftet ist. Vor allem die Formulierung "Sie lag im weißen Laken und sie litt es" klingt in heutigen Ohren grenzwertig. Das Gedicht zeigt, wie lang der Weg hin zu einer Gleichberechtigung der Geschlechter in der Erotik noch war. Erst der feministischen Lyrik der 1970er Jahre ist es gelungen, die alten Vorstellungen von der passiv-duldenden Frau über Bord zu werfen.

Ulla Hahn: Mit Haut und Haar (1981)

Ich zog dich aus der Senke deiner Jahre
und tauchte dich in meinen Sommer ein
ich leckte dir die Hand und Haut und Haare
und schwor dir ewig mein und dein zu sein.

Du wendetest mich um. Du branntest mir dein Zeichen
mit sanftem Feuer in das dünne Fell.
Da ließ ich von mir ab. Und schnell
begann ich vor mir selbst zurückzuweichen

und meinem Schwur. Anfangs blieb noch Erinnern
ein schöner Überrest der nach mir rief.
Da aber war ich schon in deinem Innern
vor mir verborgen. Du verbargst mich tief

Bis ich ganz in dir aufgegangen war:
da spucktest du mich aus mit Haut und Haar.

Das Gedicht zeigt die Selbstentfremdung einer Frau durch die Liebe. Sie opfert sich dem Liebenden so vollständig auf, dass sie ihre eigene Identität preisgibt. Die Hingabe an den Mann wird mit Anklängen an das Mann-Hund-Verhältnis beschrieben („ich leckte dir die Hand…"). Auch die Inbesitznahme der Frau durch den Mann geschieht wie die Brandmarkung von Vieh durch den Besitzer. Der Satz „Da ließ ich von mir ab" zeigt die Konsequenz der weiblichen Hingabe an den Mann: Sie hat sich als Individuum aufgegeben, sich zum Anhängsel des Mannes gemacht. Sie hat sich der übermächtigen Dominanz des Partners ausgeliefert („Da aber war ich schon in deinem Innern / vor mir verborgen") und hat sich als eigenständiges Wesen verloren. Das Ende der Beziehung wird pointenartig in den beiden Schlussversen des Gedichts formuliert. Der Mann entledigt sich der nicht mehr begehrten Frau in objekthafter Art und Weise. Die Frau, die bereit war, sich dem Manne in Liebe hinzugeben, wird mit Verachtung, quasi wie durch eine körperliche Ausscheidung (spucken!), weggestoßen. Bis in die 1960er/1970er Jahre war dies das Schicksal vieler Frauen, die nach Trennung und Scheidung auch sozial erniedrigt wurden, weil sie häufig über kein eigenes Einkommen verfügten.

Ulla Hahn ist eine große Lyrikerin. In vielen Gedichten hat sie die Gefühle und Haltungen der modernen Frau beschrieben, die bei aller Emanzipation doch an der Liebe festhalten will. Sie verfügt über ein feines Gespür für die zwischenmenschlichen Beziehungen der Geschlechter und weiß sie mit treffenden Wendungen lyrisch zu gestalten. Hier bedient sie sich des (englischen) Sonetts, einer Gedichtform, die auf das 13. Jahrhundert zurückgeht und in Italien erfunden wurde. Ulla Hahn hat lange nur Gedichte veröffentlicht, bis sie im Jahre 2004 mit dem Roman "Das verborgene Wort" auch auf dem Felde der Prosa einen Bestseller landete.

Wolf Wondratschek: Im Sommer (1976)

Einsam sein im Sommer
und hundemüde auf einen
Liebesbrief warten,
das ist schlimm;
und abends zuschauen wie sich
Lana Turner in Robert Mitchum verliebt;
und wenn morgens die Sonne aufgeht,
hast du niemand getroffen,
in der Tür steckt kein Zettel "Ruf mich an."
Ein Maler würde das Blau imitieren,
eine Flugzeugladung Menthol;
ein Dichter würde lieben oder sterben;
ich starre, ohne hinauszuschauen,
aus dem Fenster, frühmorgens,
und sage "Ich liebe dich"
ohne irgendetwas
oder irgendwen
zu meinen.

Ein männliches Wesen spricht von seiner Einsamkeit, seinem leeren Leben ohne eine Geliebte. Erfüllte Liebe sieht er nur im Hollywood-Film. Ihn hingegen erreicht kein Liebeszeichen einer Frau. Seine nächtliche Suche nach einer entscheidenden Begegnung ist vergeblich geblieben und hat ihn "hundemüde" gemacht. Im Gegensatz zu Künstlern, die ein solches Liebesdefizit in ihren Werken kompensieren und sublimieren, bleibt ihm, dem Normalmann, nur die starre Geste des Wartens. Er spricht eine leere Formel ("Ich liebe dich") vor sich hin, die niemanden meint und niemanden erreicht. Es ist eine reine Ersatzhandlung für das Eigentliche, das ihm fehlt. Das Gedicht spielt im Sommer, der Jahreszeit der Wärme, des Wachsens und Reifens, in der der Mensch das Fehlen einer erfüllten Liebesbeziehung besonders schmerzlich empfinden muss. Wondratschek war ein literarischer Protagonist der 68er Protestgeneration. In seiner Lyrik drückt er das Zeitgefühl dieser Generation in typischer Weise aus: ihren Erlebnishunger, ihr spontanes Handeln, aber auch ihre "Frustrationen" (ein typisches Wort jener Zeit) angesichts der Verhältnisse, die häufig die rasche, unbedingte Wunscherfüllung verweigern. Der Song "I can get no satisfaction" von den Rolling Stones wurde zur Hymne der jungen Generation. Von einer solchen Frustration handelt dieses Gedicht. Es lässt die Vermutung zu, dass die Suche auch deshalb scheitert, weil die Erwartungen zu hoch sind. Wie soll die alltägliche Liebe dem Maßstab der Filmwelt genügen? Aber auch diese Hypertrophie gehört zu jener Zeit.

Das Gedicht ist wie die meisten lyrischen Produkte dieser Zeit in freien Rhythmen und ohne Reimschema verfasst. Die Form des Gedichts ist dennoch bewusst gestaltet, zum Beispiel durch den Wechsel von Lang- und Kurzzeilen. Die immer kürzer werdenden Verse am Schluss des Gedichts suggerieren die Ausweglosigkeit des lyrischen Sprechers, der sich in seinem Gefühlsgefängnis eingesperrt fühlt.

Die Natur

„Die Blätter fallen, fallen wie
von weit“

Joseph von Eichendorff: Mondnacht (1837)

*Es war, als hätt der Himmel
die Erde still geküsst,
dass sie im Blütenschimmer
von ihm nun träumen müsst.*

*Die Luft ging durch die Felder,
die Ähren wogten sacht,
es rauschten leis die Wälder,
so sternklar war die Nacht.*

*Und meine Seele spannte
weit ihre Flügel aus,
flog durch die stillen Lande,
als flöge sie nach Haus.*

Das Gedicht thematisiert die Suche des Menschen nach seiner wahren Heimat. Das lyrische Ich äußert seine Gefühle im Rückblick auf das Erlebnis einer frühsommerlichen Mondnacht. Dies kann man an der Zeitform des Präteritums erkennen, in der das Gedicht verfasst worden ist. Ist das lyrische Ich in den beiden ersten Strophen noch hinter dem Geschilderten verborgen, tritt es in der letzten Strophe deutlich hervor. Das Gedicht beginnt mit dem Bild einer kosmischen Vereinigung von Himmel und Erde im Zeichen der Liebe („...der Himmel/die Erde still geküsst"). Das Resultat dieser Hinwendung des Himmels zur Erde ist das Erblühen der Natur auf der Erde. Gleichzeitig träumt die Erde vom Himmel. Das Irreale des Vorgangs, das nur in der Fantasie denkbar ist, verdeutlicht der Dichter mit Hilfe des Konjunktivs II (Konjunktiv Irrealis). In der zweiten Strophe werden Naturereignisse geschildert, die man ebenfalls als Ergebnis des himmlischen Impulses durch den Kuss deuten kann. Der Wind bewegt die Ähren auf dem Feld und lässt die Bäume im Wald rauschen. Sterne und Mond beleuchten diese bewegte Szenerie. Auffällig ist, dass in der zweiten Strophe durchgängig Verben der Bewegung verwendet werden (gehen, wiegen, rauschen), die dem Vorgang einen dynamischen Akzent verleihen. In der dritten Strophe wird deutlich, dass das lyrische Ich den Himmel, also den transzendenten Bereich Gottes, als wahre Heimat betrachtet, nach der sich die Seele des Menschen sehnt. Ausgelöst durch die zauberhaften Erscheinungen der Mondnacht erhebt sich die Seele des Menschen in den Himmel, das wahre Zuhause des christlich geprägten Menschen. Auch dieser Vorgang wird im Konjunktiv Irrealis dargestellt. Man kann ihn als Gegenbewegung zum anfänglichen Impuls des göttlichen Kusses deuten. Dass auch heute noch viele Menschen das Gedicht so verstehen, kann man daran ablesen, dass seine letzte Strophe häufig in Traueranzeigen erscheint. Die Rückkehr der Seele des Verstorbenen zu Gott soll den Trauernden Trost spenden.

Das Gedicht gilt als romantisches Gedicht schlechthin. Typisch romantische Motive sind die Verehrung der Nacht als Zeit des kosmischen Geheimnisses, die rauschenden Wälder und der Traum, der dem Menschen übersinnliche Geheimnisse preisgibt. Auch die Sehnsucht des Menschen nach seiner wahren Heimat ist romantisch. Novalis brachte diese Suche auf die Formel: „Wohin gehen wir? Immer nach Haus." Dass es sich bei diesem ersehnten Zuhause um einen Ort bei Gott handelt, war für viele Romantiker, die gläubige Christen waren, selbstverständlich.

Das Gedicht klingt, wenn man es betont liest, sehr musikalisch. Deshalb ist es auch mehrfach von romantischen Komponisten vertont worden. Dem romantischen Ideal am nächsten kommt die Vertonung durch Robert Schumann in seinem Liederkreis op. 19.

Ludwig Uhland: Frühlingsglaube (1812)

Die linden Lüfte sind erwacht,
Sie säuseln und weben Tag und Nacht,
Sie schaffen an allen Enden.
O frischer Duft, o neuer Klang!
Nun, armes Herze, sei nicht bang!
Nun muss sich alles, alles wenden.

Die Welt wird schöner mit jedem Tag,
Man weiß nicht, was noch werden mag,
Das Blühen will nicht enden.
Es blüht das fernste, tiefste Tal:
Nun, armes Herz, vergiss der Qual!
Nun muss sich alles, alles wenden.

Ludwig Uhland schrieb dieses Gedicht im Alter von 25 Jahren. Ein Jahr zuvor hatte er in seiner Geburtsstadt Tübingen eine Anwaltskanzlei eröffnet, die er aber bald wieder aufgab. Er wurde Sprecher der württembergischen Landstände, Landtagsabgeordneter und 1848 Mitglied des ersten deutschen Nationalparlaments in der Frankfurter Paulskirche. Gleichzeitig hatte er eine Professur für Mediävistik an der Tübinger Universität inne.

Das Gedicht „Frühlingsglaube" gestaltet die freudige Erwartung des anbrechenden Frühlings. Erster Frühlingsbote ist die laue Luft („linde Lüfte"), die die Natur zu neuem Leben erweckt. Die Veränderung der Natur zeigt sich am deutlichsten in der Blütenpracht, aber auch an den Düften, welche die Blüten verströmen, und am Klang der Vogelstimmen. Den Frühling kann man mit allen Sinnen erfassen: Das Säuseln und den Klang kann man hören, den Duft kann man riechen und den Wind („Lüfte") kann man spüren. Die Veränderung in der Natur wird durch Schlüsselwörter ausgedrückt, die eine Veränderung verkörpern: erwachen, schaffen, wenden (Verben) und frisch, neu (Adjektive). Auch der Komparativ des Adjektivs „schön" wirkt in dieser Weise. In den beiden letzten Versen der beiden Strophen, deren Wortlaut nahezu identisch ist, drückt das lyrische Ich aus, wie sich der Anbruch des Frühlings auf seine Gefühlwelt auswirkt. Die „Qual" wird endlich vorüber sein, weil der Frühling in der Seele freundliche Gefühle weckt. Die Qual kann einerseits die gedrückte Stimmung meinen, die Menschen während der langen, dunklen und kalten Winterzeit empfinden. Zu Beginn des 19. Jahrhunderts war man im Winter an das Haus gefesselt und hatte außer Lesen und Musizieren kaum Möglichkeiten der Zerstreuung. Die Qual, von der das Gedicht spricht, könnte auch die Unzufriedenheit mit den politischen Verhältnissen der Zeit bedeuten. Damals herrschte noch Napoleon in Deutschland. Vielen Patrioten war er verhasst, weil er hohe Kontributionen verlangte und Landeskinder für sein Heer zwangsrekrutierte. Die wenigsten kehrten aus seinen Feldzügen zurück. Die Prophezeiung, jetzt müsse sich „alles, alles wenden", könnte also auch bedeuten, dass die Zeit der Befreiung vom französischen Joch gekommen sei. Die deutschen Patrioten erhofften sich nicht nur die Einheit des Vaterlandes, sondern auch eine demokratische Verfassung.

Als Dichter ist Ludwig Uhland den damals herrschenden literarischen Strömungen nicht eindeutig zuzuordnen. Zusammen mit seinen Freunden Gustav Schwab, Justinus Kerner und Karl Mayer bildete er den Schwäbischen Dichterkreis. Ludwig Uhland war in ganz Deutschland beliebt. Seine Texte standen in Lesebüchern und wurden von den berühmtesten Komponisten seiner Zeit, wie Schubert, Schumann, Mendelssohn-Bartholdy und Brahms, vertont. Als er am 26. April 1862 seinen 75. Geburtstag beging, wurde der Tag in ganz Deutschland gefeiert. Ihm zu Ehren wurden Uhland-Linden und Uhland-Eichen gepflanzt.

Eduard Mörike: Er ist´s (1829)

Frühling lässt sein blaues Band
Wieder flattern durch die Lüfte;
Süße, wohlbekannte Düfte
Streifen ahnungsvoll das Land.
Veilchen träumen schon,
Wollen balde kommen.
- Horch, von fern ein leiser Harfenton!
Frühling, ja du bist's!
Dich hab' ich vernommen!

Eduard Mörike: Septembermorgen (1829)

Im Nebel ruhet noch die Welt,
Noch träumen Wald und Wiesen;
Bald siehst du, wenn der Schleier fällt,
den blauen Himmel
unverstellt.
Herbstkräftig die gedämpfte Welt
Im warmen Golde fließen.

1927 schreibt der frischgebackene evangelische Pfarrer Eduard Mörike an seinen Freund Ludwig Bauer, dass er sich aus gesundheitlichen Gründen vom Vikariat habe beurlauben lassen: „Du ahnest ohne Zweifel bereits den Grund jener unschmackhaften Stimmung. Das geistliche Leben ists. Ich bin nun überzeugt, es taugt nicht für mich...". Im Gegensatz zu seinem großen Vorbild Friedrich Hölderlin wagt es Mörike nicht, den ungeliebten Pfarrerberuf ganz hinter sich zu lassen und ein Leben als freier Schriftsteller zu führen. Er bleibt noch 16 Jahre im Amt. 1843 beantragt er schließlich im Alter von 39 Jahren die Versetzung in den Ruhestand. Er wird Lehrer am Stuttgarter Königin-Katharina-Stift, einem Mädchengymnasium, und betätigt sich nebenberuflich als Schriftsteller.

Die beiden bekannten Gedichte „Er ist´s" und „Septembermorgen" hat Mörike mit 25 Jahren geschrieben. Sie zeigen die überragende Begabung des jungen Theologen, Stimmungen und Gefühle des Menschen einzufangen, die Naturerscheinungen bei ihm auslösen.

Das wichtigste poetische Mittel im Frühlingsgedicht ist die Personifizierung. Der Frühling wird vermenschlicht: Er schwingt eine Fahne, die den blauen Himmel verkörpert; die typischen Frühlingsblumen – Veilchen – träumen davon, endlich die kalte Erde durchbrechen zu können, um ihre kleinen blauen Blüten in die Sonne zu recken. Der Frühling liegt als Duft in der Luft. In romantischer Manier ertönt im Frühlingsreigen ein imaginärer „Harfenton". Er setzt das musikalische Signal für die Ankunft des Frühlings. Das Gedicht hat auch eine kommunikative Komponente. Der Sprecher fordert den Leser auf, auf die Signale zu lauschen, die das Kommen des Frühlings verkünden. Schließlich kommt das erlösende Wort: „Frühling, ja du bist´s!"

Auch das Herbstgedicht beginnt mit einer Vermenschlichung. Wald und Wiesen liegen, eingehüllt in Nebel, noch träumend im Schlaf. Wenn sich der Nebel lichtet, sieht der Beobachter („siehst du") den blauen Himmel und den Wald in kräftigen Goldfarben erstrahlen. Originell ist das von Mörike verwendete Reimschema. Es beginnt als Kreuzreim: „Welt / Wiesen / fällt...", um ab Vers vier in einen Haufenreim zu münden, der die Verse vier und fünf umfasst: „unverstellt / Welt". Erst im Schlussvers findet der begonnene Kreuzreim mit dem Reimwort „fließen" seinen Abschluss. Diese Gestaltungsweise wirkt wie eine kleine Theaterinszenierung: Die Szenerie ist durch einen Vorhang (Nebel) verhüllt, der sich Stück für Stück lüftet, um schließlich die in „warmem Gold" erstrahlende Welt zu offenbaren. Vielleicht hat der Theologe Mörike die Schöpfungsgeschichte aus der

Bibel vor Augen gehabt, als er den Anbruch des neuen Tages wie einen Schöpfungsakt inszenierte.

Von den literarisch gebildeten Zeitgenossen wurden die Gedichte Eduard Mörikes als typische Biedermeierlyrik abgetan. Nur wenige Kenner, darunter sein Freund Theodor Storm, erkannten ihre Qualität jenseits von schematischen Epochenzuordnungen. Heute entdeckt man in der Weltflucht und in der Naturmagie seiner Gedichte moderne Züge. In der Literaturwissenschaft gilt Eduard Mörike zusammen mit Johann Wolfgang von Goethe als größter Lyriker des 19. Jahrhunderts.

Friedrich Hebbel: Herbstbild (1852)

Dies ist ein Herbsttag, wie ich keinen sah!
Die Luft ist still, als atmete man kaum,
Und dennoch fallen raschelnd, fern und nah,
Die schönsten Früchte ab von jedem Baum.

O stört sie nicht, die Feier der Natur!
Dies ist die Lese, die sie selber hält,
Denn heute löst sich von den Zweigen nur,
Was vor dem milden Strahl der Sonne fällt.

Das Gedicht beschreibt einen einzigen Augenblick im Ablauf des Herbstes: das Abfallen von Äpfeln oder Birnen von den Bäumen. Das raschelnde Geräusch des Fallens wird unterstrichen, indem die Stille betont wird, die die Landschaft erfüllt. Wer einmal in fortgeschrittenen Herbst in einem Obstgarten gestanden hat, kann das geschilderte Geschehen nachvollziehen. Früchte brechen unvermutet von den Zweigen, dringen raschelnd durch das Laub und schlagen polternd auf dem Boden auf. Der Dichter nennt als Urheber für diesen Vorgang die Sonne, die mit ihren letzten Strahlen den Reifeprozess der Früchte zum Abschluss gebracht hat. Was hier vor sich geht, ist nicht die Lese, die der Mensch vornimmt. Es ist die Lese, die die Natur ohne menschliches Zutun selbst hält. In einer Zeit, in der die Konsumenten nur noch Äpfel essen, die der Idealnorm entsprechen, werden viele Obstbäume in unseren Streuobstwiesen nicht mehr abgeerntet. Hier fallen die Früchte dann so ab, wie es Hebbels Gedicht beschreibt. Sie dienen den Tieren zur Nahrung. Auch Wanderer können sich, wenn sie des Weges kommen, daran bedienen.

Auffällig ist an dem Gedicht, dass jede der beiden Strophen mit einer emphatischen Zeile beginnt. „Dies ist ein Herbsttag, wie ich keinen sah!" – Die Betonung des Außergewöhnlichen steht in einem seltsamen Kontrast zu dem unscheinbaren Geschehen, das danach geschildert wird. Der Dichter will dem Kleinen und Banalen den Anschein von Größe und Bedeutsamkeit verleihen. Hier steht er in der Nachfolge von Adalbert Stifter, der die kleinen Dinge in der Natur beschrieben und sie als Abglanz des Großen in der Schöpfung gefeiert hat. Die zweite Strophe beginnt mit einem nahezu sakralen Ausruf: „O stört sie nicht, die Feier der Natur!" – Der Vorgang der Lese wird zu einer Feier erhöht, die dem ewigen Gesetz von Werden und Vergehen gewidmet ist.

Das Gedicht verwendet als Metrum den fünffüßigen Jambus, der seit der Zeit der Klassik als besonders feierlicher Vers gilt, mit dem man dem Gesagten Bedeutsamkeit verleihen kann. Das Reimschema ist der Kreuzreim, die Kadenzen sind durchgehend männlich. Die Sprache ist einfach, die poetische Durchformung des Textes hält sich in Grenzen. Der Simplizität des Vorgangs entspricht auch die Einfachheit der Sprache.

Friedrich Hebbel war, als er das Gedicht schrieb, 39 Jahre alt. Da hatte er nur noch 11 Jahre zu leben. Wie alle großen Dichter wusste er auch schon in jungen Jahren um die Gesetzmäßigkeiten des Lebens.

Hugo von Hofmannsthal: Vorfrühling (1892)

Es läuft der Frühlingswind
Durch kahle Alleen,
Seltsame Dinge sind
In seinem Wehn.

Er hat sich gewiegt,
Wo Weinen war,
Und hat sich geschmiegt
In zerrüttetes Haar.

Er schüttelte nieder
Akazienblüten
Und kühlte die Glieder,
Die atmend glühten.

Lippen im Lachen
Hat er berührt,
Die weichen und wachen
Fluren durchspürt.

Er glitt durch die Flöte,
Als schluchzender Schrei,
An dämmernder Röte
Flog er vorbei.

Er flog mit Schweigen
Durch flüsternde Zimmer
Und löschte im Neigen
Der Ampel Schimmer.

Es läuft der Frühlingswind
Durch kahle Alleen,
Seltsame Dinge sind
In seinem Wehn.

Durch die glatten
Kahlen Alleen
Treibt sein Wehn
Blasse Schatten

Und den Duft,
Den er gebracht,
Von wo er gekommen
Seit gestern Nacht.

Der lyrische Sprecher zählt auf, welche Wirkungen der Frühlingswind in der Natur und im Lebensbereich des Menschen entfaltet. Die Aufzählung betrifft nicht nur Gegenständliches, wie die herabgeschüttelten Blüten der Akazie, sondern auch menschliches Fühlen („Weinen" und „Lachen"). Die vom Wind entfachte Luft bringt die Flöte zum Klingen, glättet das „zerrüttete Haar" einer Frau, löscht das Licht einer Öl-Lampe („Ampel") und kühlt die Körper von Menschen, die sich – in der Liebe? - verausgabt haben. Psychologen wissen, dass sich menschliche Lebenserinnerungen gerne an die Jahreszeiten mit ihren spezifischen Gerüchen heften. Ein Duft ist der Inbegriff des Flüchtigen, gleichzeitig aber auch der Fixpunkt von Erinnerungen an Vergangenes. Deshalb steht das Wort „Duft" im Gedicht in der letzten Strophe an exponierter Stelle. Als einziges Wort mit männlicher Endung hat es kein Reimwort.

In einem „Gespräch über Gedichte" (1904) schreibt Hofmannsthal:

„Sind nicht die Gefühle, die Halbgefühle, alle die geheimsten und tiefsten Zustände unseres Inneren in der seltsamsten Weise mit einer Landschaft verflochten, mit einer Jahreszeit, mit einer Beschaffenheit der Luft, mit einem Hauch? (...) Der Geruch feuchter Steine in einem Hausflur; das Gefühl eisigen Wassers, das aus einem Laufbrunnen über deine Hände sprüht: an ein paar tausend solcher Erdendinge ist dein ganzer innerer Besitz geknüpft, alle deine Aufschwünge, alle deine Sehnsucht, alle deine Trunkenheiten." Das Gedicht „Vorfrühling" ist der poetische Ausdruck dieser Lebensweisheit.

Das Gedicht hat kein einheitliches Metrum. Es überwiegen die „steigenden" Metren Jambus und Anapäst („Er hat sich gewiegt"). Es gibt aber auch Verse mit den „fallenden" Metren Trochäus und Daktylus („Lippen im Lachen"). Es scheint so, als habe Hofmannsthal mit dem wechselnden Sprechrhythmus das Wirbeln des Windes sprachlich nachgestalten wollen. Dass die Verse nur zwei Hebungen aufweisen, verstärkt diesen Bewegungseffekt. Das Gedicht verwendet überwiegend Kreuzreime, in der zweitletzten Strophe auch den umschließenden Reim.

Wie viele Gedichte von Hugo von Hofmannsthal hat auch „Vorfrühling" etwas Geheimnisvolles, durch den Verstand nicht vollständig Erschließbares. So bringt der Wind „seltsame Dinge" mit, die man nicht enträtseln kann. Die Wendungen „blasse Schatten" und „dämmernde Röte" erzeugen eine rätselhaft-geheimnisvolle Stimmung. Wegen dieser Sprachmagie wird die Lyrik des österreichischen Dichters von Lyrik-Freunden besonders geschätzt.

Hofmannsthal ist ein Vertreter des Ästhetizismus, einer künstlerischen Strömung zwischen 1890 bis

1920, die im Schönen den höchsten Wert der Kultur sah. In der Literatur verwirklicht sich die Darstellung des Schönen in einer ästhetisch ausgefeilten Sprache, die sich von der „stumpfen Alltagssprache, mit einer...Zauberkraft" abhebt. (Hofmannsthal) Das Gedicht „Vorfrühling" ist ein perfektes Beispiel für diese künstlerische Intention.

Hofmannsthal wusste um die Qualität dieses Gedichts, als er es 1922 an den Anfang seiner Gesammelten Gedichte stellte.

Rainer Maria Rilke: Herbst (1902)

Die Blätter fallen, fallen wie von weit,
als welkten in den Himmeln ferne Gärten;
sie fallen mit verneinender Gebärde.

Und in den Nächten fällt die schwere Erde
aus allen Sternen in die Einsamkeit.

Wir alle fallen. Diese Hand da fällt.
Und sieh dir andre an: es ist in allen.

Und doch ist Einer, welcher dieses Fallen
unendlich sanft in seinen Händen hält.

Rainer Maria Rilke: Herbsttag (1902)

Herr, es ist Zeit. Der Sommer war sehr groß.
Leg deinen Schatten auf die Sonnenuhren,
und auf den Fluren lass die Winde los.

Befiehl den letzten Früchten, voll zu sein;
gib ihnen noch zwei südlichere Tage,
dränge sie zur Vollendung hin, und jage
die letzte Süße in den schweren Wein.

Wer jetzt kein Haus hat, baut sich keines mehr.
Wer jetzt allein ist, wird es lange bleiben,
wird wachen, lesen, lange Briefe schreiben
und wird in den Alleen hin und her
unruhig wandern, wenn die Blätter treiben.

Die beiden Herbstgedichte, die zu seinen berühmtesten Gedichten überhaupt zählen, sind in Paris entstanden, wo sich Rilke ab 1902 für längere Zeit aufhielt. In seinen Werken befasst er sich mit menschlichen Grunderfahrungen wie Erotik, Krankheit und Tod. In den sog. „Dinggedichten" schildert er die Spiegelung des Inneren in den erlebten Dingen der Außenwelt.

Thema des Gedichts „Herbst" ist die Vergänglichkeit der Natur im Herbst und die metaphysische Geborgenheit, die der Mensch trotz dieser Vergänglichkeit empfinden kann. Der Herbst wird mit einem eingängigen Bild veranschaulicht: dem Fallen der Blätter. Das Abfallen der Blätter wird mit einem göttlichen Impuls begründet: „als welkten in den Himmeln ferne Gärten". Das Traurige, das man beim herbstlichen Absterben der Vegetation empfindet, wird den Blättern selbst zugeschrieben. Sie fallen „mit verneinender Gebärde". In den nächsten beiden Strophen wird das Fallen der Blätter zu einem den ganzen Kosmos und auch den Menschen beherrschenden Gestus verallgemeinert. Das Fallen bedeutet die Endlichkeit des Menschen und der Welt, in der er lebt. Dieses Sterben und Vergehen führt nicht ins Bodenlose und ins Nichts. Es wird aufgefangen von Gott, der seine Geschöpfe gütig und gnädig („unendlich sanft") in seine Obhut nimmt. Das Gedicht bietet angesichts der im Herbst auftretenden Stimmung der

Trauer und Melancholie einen metaphysischen Trost, ohne ausdrücklich die christliche Botschaft zu bemühen. Gott wird als „Einer" bezeichnet, für den Himmel wird die Mehrzahl „in den Himmeln" verwendet. So bietet das Gedicht auch Nicht-Christen eine Möglichkeit der Identifikation.

Zentraler Begriff im Gedicht ist das Verb „fallen", das sieben Mal verwendet wird. Und doch genügt ein einziges Wort („hält"), um die negative Erscheinung des Fallens positiv zu wenden. Diese Wendung ins Tröstliche wird noch durch eine Antithese („doch") unterstrichen. Wichtige sprachliche Mittel sind die Metapher („fällt die schwere Erde/...in die Einsamkeit") und der Vergleich („als welkten...Gärten"). Das Metrum des Gedichts ist der fünffüßige Jambus, der bei den weiblichen Kadenzen eine überzählige Silbe aufweist. Das Reimschema ist der umschließende Reim, der allerdings in Vers zwei eine Abweichung erfährt.

Das Gedicht „Herbsttag" beginnt mit der ungewöhnlichen Anrede an Gott und der Aufforderung an ihn, die Naturvorgänge beim Übergang vom Sommer zum Herbst im Sinne des Schöpfungsplans zu vollenden. Dieses Ansinnen wird mit vier drängenden Imperativen ausgedrückt, als könne der Mensch den Wandel zum Herbst kaum erwarten. Der Sprecher signalisiert Einverständnis mit dem Naturgeschehen, er begreift den Wandlungsprozess der Natur als Weg zur „Vollendung". Hier zeigt sich ein Bild vom Herbst als Jahreszeit, die den Höhepunkt im Ablauf der Natur darstellt, weil sie das Ergebnis des Wachsens und Werdens in Form von Früchten darbietet. Die Sonnenuhr, die die Zeit misst und mitteilt, kann man in diesem Kontext als Künderin der kosmischen Ordnung begreifen. Die Zeit ist das Medium, mit Hilfe dessen sich der Wandel in der Natur vollzieht. Die Vorstellung vom Wirken Gottes ist in diesem Gedicht fast kindlich-naiv. Gott hat nicht nur die Schöpfung vollbracht und sie dann ihrem Selbstlauf überlassen, sondern Gott greift unmittelbar wirkend und steuernd ins Naturgeschehen ein. Die dritte Strophe wirft den Blick auf den Menschen. Er ist der Heimatlosigkeit und Einsamkeit preisgegeben. Das „Haus" ist hier mehr als die äußere bauliche Hülle seiner Existenz. Es meint letztlich existentielle Geborgenheit und Sicherheit. Im Gegensatz zur Natur, die eingebettet ist in den sich vollziehenden gesetzmäßigen Wandel, ist der Mensch kraft der ihm verliehenen Freiheit für sein Leben selbst verantwortlich. Er muss seine Heimat selbst finden. Die moderne Existentialphilosophie redet hier vom „Geworfensein" des Menschen. Die Unruhe des einsamen und heimatlosen Menschen teilt sich in der dritten Strophe auch sprachlich mit. Die zweimalig gebrauchte Wendung „Wer jetzt…", die Aufzählung im dritten Vers und die schwebende Betonung bei „unruhig wandern" sind die sprachlichen Mittel, mit denen der Dichter die innere Unruhe des Sprechenden nachzeichnet. Auffällig an der äußeren Form des Gedichts sind die jeweils um einen Vers erweiterten Strophen (3 - 4 - 5). Das Metrum ist der fünfhebige Jambus, der jedoch durch Akzentverschiebungen am Beginn vieler Verse einen unruhigen, schwebenden Charakter bekommt. Das rhythmisch Schwebende des Gedichts entspricht seinem Gehalt.

Gottfried Benn: Astern (1935)

Astern – schwälende Tage,
alte Beschwörung, Bann,
die Götter halten die Waage
eine zögernde Stunde an.

Noch einmal die goldenen Herden,
der Himmel, das Licht, der Flor,
was brütet das alte Werden
unter den sterbenden Flügeln vor?

Noch einmal das Ersehnte,
den Rausch, der Rosen Du –
der Sommer stand und lehnte
und sah den Schwalben zu,

noch einmal ein Vermuten,
wo längst Gewissheit wacht:
Die Schwalben streifen die Fluten
Und trinken Fahrt und Nacht.

Das Gedicht setzt mit einem Schlüsselwort ein, das wie ein Fanal an den Anfang gesetzt wird: „Astern". Die typische Blume des frühen Herbstes signalisiert das Ende des Sommers. Die elliptische Aufzählung „schwälende Tage,/ alte Beschwörung, Bann" weist auf das Magische, Unerklärliche hin, das dem Wechsel der Jahreszeiten innewohnt. Der Hinweis auf höhere Mächte („Götter") und die Veranschaulichung durch das Bild der Waage sind Versuche, den Wandel, der in der Natur vor sich geht, zu verstehen und zu erklären. In der zweiten Strophe werden die Attribute des vergehenden Sommers noch einmal beschworen: Wolken, Licht, Himmel und Blütenpracht. Der Hinweis auf das „alte Werden" bezieht sich auf den ewigen Kreislauf der Natur, der aus Werden und Vergehen besteht. Die dreimal benutzte Wendung „Noch einmal" jeweils am Anfang der Strophen zwei bis vier erzeugt ein Gefühl von Wehmut und Abschied. In der dritten Strophe wird der vergehende Sommer mit Sehnsucht, mit einer trunkenen Stimmung und mit der Blume der Liebe, der Rose, in Verbindung gebracht. Die Schwalben, die sich zum Flug in den Süden sammeln, sind Sendboten des unaufhaltsamen Wandels vom Sommer zum Herbst. Die Personifikation „Der Sommer stand und lehnte / und sah..." unterstellt dem Sommer eine gelassene Haltung, die sich von der Wehmut der Menschen unterscheidet. Die Natur ist mit sich im

Reinen, wenn sie sich dem Wandel unterwirft. Die letzte Strophe nimmt das Bild von den Schwalben wieder auf. Sie machen sich nun unwiederbringlich auf den Zug über das Meer. Das Ende des Sommers wird so zur Gewissheit. Mit den beiden dunkel getönten Wörtern „Fahrt und Nacht" endet ein wehmütiges, aber in seiner sprachlichen Raffinesse magisches Gedicht.

In dem Gedicht überwiegen die beiden „steigenden" Versmaße Jambus und Anapäst. Nur in den beiden ersten Versen von Strophe eins und im vierten Vers von Strophe zwei kommen die „fallenden" Metren Trochäus und Daktylus vor. Die Kadenzen sind abwechselnd männlich und weiblich.

Das Gedicht ist 1935 entstanden und zählt zu den schönsten Gedichten Gottfried Benns aus der Zeit der inneren Emigration. Benn hat sich bekanntlich kurz nach Machtantritt Hitlers mit den Nationalsozialisten gemein gemacht. Als er wegen seiner frühen, expressionistisch geprägten Gedichte als „dekadenter" und „entarteter" Künstler gebrandmarkt wurde, wandte er sich von der NSDAP ab und richtete sich abseits der Politik als „reiner" Künstler ein. Benn nannte die Gedichte jener Zeit „statische Gedichte". Sie widmen sich dem Verhältnis des Dichters zur Welt, auch zu den kleinen Dingen, wie Blumen und Pflanzen. Benns Definition von Statik: *„Statik heißt also Rückzug* *auf Maß und Form, es heißt natürlich auch ein gewisser Zweifel an Entwicklung und heißt auch Resignation, es ist antifaustisch."*

Der „antifaustischen" Haltung des Dichters verdanken wir einige seiner schönsten Gedichte.

Georg Heym: Der Herbst (1911)

Viele Drachen stehen in dem Winde,
Tanzend in der weiten Lüfte Reich.
Kinder stehn im Feld in dünnen Kleidern,
Sommersprossig, und mit Stirnen bleich.

In dem Meer der goldnen Stoppeln segeln
Kleine Schiffe, weiß und leicht erbaut,
Und in Träumen seiner leichten Weite
Sinkt der Himmel wolkenüberblaut.

Weit gerückt in unbewegter Ruhe
Steht der Wald wie eine rote Stadt.
Und des Herbstes goldne Flaggen hängen
Von den höchsten Türmen schwer und matt.

Georg Heym ist nur 25 Jahre alt geworden. Als er seinen am Berliner Wannsee ins Eis eingebrochenen Freund vor dem Ertrinken retten wollte, brach er selbst ein und ertrank. Er gehörte einem kleinen Kreis junger Dichter an, der sich 1909 zusammengefunden hatte, um die traditionelle Dichtkunst mit einer modernen Formsprache herauszufordern. Heute wird dieser Kreis zu den Begründern der expressionistischen Dichtung gezählt.

Das Gedicht „Der Herbst" lebt ganz von den ungewöhnlichen Bildern, die der junge Dichter für diese Jahreszeit findet. Die in der Luft tanzenden Drachen werden mit Schiffen verglichen, die im abgeernteten Stoppelfeld „segeln". Der Wald, der den Horizont bildet, wird als „rote Stadt" bezeichnet. Die goldgefärbten Blätter der Bäume sehen aus wie farbige Flaggen, die von den Türmen wehen. Auffällig ist der Kontrast, den die Adjektive erzeugen. Den freundlichen Vokabeln „weiß" und „leicht" stehen die düsteren Wörter „schwer" und „matt" gegenüber. Insgesamt erzeugt das Gedicht eine schwermütige Stimmung, die durch die Schilderung der Kinder mit ihren dünnen Kleidern und bleichen Gesichtern unterstrichen wird. Das Gedicht wirkt leblos und statuarisch, was durch die dreimalige Verwendung des Verbs „stehen" unterstrichen wird. Auch das

Substantiv „Ruhe" und die Adjektive „schwer" und „matt" tragen zu diesem Eindruck bei.

Das Metrum des Gedichts ist der fünffüßige Trochäus. Das Reimschema ist ein unvollständiger Kreuzreim. Die Lücke kommt dadurch zustande, dass sich die Verse eins und drei nicht reimen. Männliche und weibliche Kadenzen wechseln im Gedicht miteinander ab.

Die Dichter der Romantik fühlten sich eins mit der Natur, aufgehoben in ihrem geheimnisvollen Wirken. Eichendorff konnte deshalb in seiner „Mondnacht" dichten: „Und meine Seele spannte / Weit ihre Flügel aus / Flog durch die stillen Lande / Als flöge sie nach Haus." Den Dichtern des Expressionismus war dieses Aufgehoben-Sein in der Natur nicht mehr gegeben. Ich und Welt, Mensch und Natur wurden als Gegensätze wahrgenommen. Ein solches Gefühl der Entfremdung gestaltet auch das Gedicht „Der Herbst". Die dargestellten Einzelbilder ergeben kein stimmiges und harmonisches Ganzes, das der Seele des Menschen Halt und Zuflucht gewähren könnte. Das erkennt man auch daran, dass ein lyrisches Ich im Gedicht nicht vorkommt. Die Naturschilderung gewinnt den Charakter einer stummen, dem Menschen kalt und abweisend gegenüberstehenden Kulisse.

Stefan George: Komm in den totgesagten park (1897)

Komm in den totgesagten park und schau:
Der schimmer ferner lächelnder gestade
Der reinen wolken unverhofftes blau
Erhellt die weiher und die bunten pfade.

Dort nimm das tiefe gelb das weiche grau
Von birken und von buchs der wind ist lau
Die späten rosen welkten noch nicht ganz
Erlese küsse sie und flicht den kranz

Vergiss auch diese letzten astern nicht
Den purpur um die ranken wilder reben
Und auch was übrig blieb von grünem leben
Verwinde leicht im herbstlichen gesicht.

Das Gedicht unterscheidet sich von den herkömmlichen Herbstgedichten, die wir von unseren Dichtern kennen. Kein unmittelbares Erlebnis liegt ihm zugrunde, keine romantische Hingabe an die Natur wird zelebriert. Der Dichter entwirft eine stilisierte Herbstlandschaft, die für die Seele des Menschen symbolische Bedeutung gewinnt. Wenn etwas „totgesagt" wird, gilt es als abgeschrieben und aus dem pulsierenden Leben verabschiedet. George erweckt den „totgesagten Park" zu neuem Leben, indem er suggestive Landschaftsbilder entwirft („der schimmer ferner lächelnder gestade") und mit einem Farbpanorama aufwartet, dass das vermeintlich Tote Lügen straft. Der Dichter verwendet die Komplementärfarben Blau und Gelb, dazu Grau und Grün. Auch in dem Wort „purpur" steckt eine Farbe, die zwischen Rot und Violett changiert. Dem Leser wird im Gedicht eine aktive Rolle zugeteilt. Er soll die herbstlich-bunte Szenerie mit seiner Fantasie erfassen und den Blumen seine Referenz erweisen („Erlese küsse sie und flicht den kranz"). Er soll sich mit dem Wandel der Natur im Herbst abfinden und die Gartenpracht ein letztes Mal betrachten und genießen („Komm...und schau"). Im Unterschied zu den Romantikern ist die Natur bei George nicht wild und ungezähmt, sondern vom Menschen nach seinem Geschmack entworfen und gestaltet. Die Natur in diesem Gedicht ist eine gebändigte und vom Menschen geformte Landschaft, ein Park mit Blumenbeeten, Teich und Pfaden.

Das Gedicht findet sich in dem Zyklus „Das Jahr der Seele", der 98 Gedichte umfasst. Die Gedichte zum Herbst sind mit „Nach der Lese" betitelt. Im bäuerlichen Leben ist der Herbst die Jahreszeit der Ernte, die Scheunen und Vorratsspeicher mit Früchten füllt. Auf das Leben des Menschen übertragen ist der Herbst der Lebensabend, die Vollendung eines aktiven und erfüllten Lebens. Der sensible Leser wird die Melancholie, die dem Gedicht innewohnt, auf sein eigenes Leben beziehen und daraus Zuversicht schöpfen. Dann ist der Lebensabend – entsprechend dem „totgesagten park" - für ihn keine Zeit des Absterbens und Verdorrens, sondern des letzten Glanzes nach einem reichen Leben. Die elegische Stimmung, die dem Gedicht innewohnt, ist zugleich Trauer um das gelebte Leben und Freude über den „erfüllten Augenblick" (Goethe).

Als Metrum benutzt George den fünffüßigen Jambus, der in der Weimarer Klassik von Goethe und Schiller als Blankvers für ihre großen Bühnenwerke benutzt wurde. Die Bedeutsamkeit, die diesem Versmaß innewohnt, macht sich der Dichter zunutze. Die Reimform wechselt von Strophe zu Strophe: vom

Kreuzreim über den Paarreim zum umschließenden Reim.

Stefan Georges Lyrik hat man dem Symbolismus zugerechnet. Das im Gedicht Gestaltete hat eine symbolische Bedeutung, die sich hinter den Objekten der Landschaft verbirgt. Man kann Georges Gedicht aber auch dem Ästhetizismus zuordnen. Diese literarische Strömung strebt nach sprachlicher Schönheit als Wert an sich und verzichtet auf Gesellschaftskritik und moralische Bewertung. Georges Gedichte grenzen sich durch ihre formale Strenge und stilistische Gestaltung von der alltäglichen Sprache ab.

Gottfried Benn, selbst ein lyrischer Großmeister, nannte dieses Gedicht das „schönste Herbst- und Gartengedicht unseres Zeitalters".

Die Gesellschaft

„Kleiner Mann, hab acht"

Friedrich Schiller: Die Teilung der Erde (1795)

„Nehmt hin die Welt!", rief Zeus von seinen Höhen
Den Menschen zu. „Nehmt, sie soll euer sein!
Euch schenk ich sie zum Erb' und ew'gen Lehen –
Doch teilt euch brüderlich darein!"

Da eilt', was Hände hat, sich einzurichten,
Es regte sich geschäftig Jung und Alt.
Der Ackermann griff nach des Feldes Früchten,
Der Junker birschte durch den Wald.

Der Kaufmann nimmt, was seine Speicher fassen,
Der Abt wählt sich den edeln Firnewein,
Der König sperrt die Brücken und die Straßen
Und sprach: „Der Zehente ist mein."

Ganz spät, nachdem die Teilung längst geschehen,
Naht der Poet, er kam aus weiter Fern –
Ach! Da war überall nichts mehr zu sehen,
Und alles hatte seinen Herrn!

„Weh mir! So soll denn ich allein von allen
Vergessen sein, ich, dein getreuster Sohn?"
So ließ er laut der Klage Ruf erschallen
Und warf sich hin vor Jovis Thron.

„Wenn du im Land der Träume dich verweilet",
Versetzt der Gott, „so hadre nicht mit mir.
Wo warst du denn, als man die Welt geteilet?"
„Ich war", sprach der Poet, „bei dir.

Mein Auge hing an deinem Angesichte,
An deines Himmels Harmonie mein Ohr –
Verzeih dem Geiste, der, von deinem Lichte
Berauscht, das Irdische verlor!"

„Was tun?", spricht Zeus, „die Welt ist weggegeben,
Der Herbst, die Jagd, der Markt ist nicht mehr mein.
Willst du in meinem Himmel mit mir leben –
So oft du kommst, er soll dir offen sein."

Das balladeske Gedicht entstand in der Phase enger Zusammenarbeit der beiden klassischen Dichter Goethe und Schiller. In Briefen und persönlichen Gesprächen verständigten sie sich über ihre Auffassungen vom Dichten und weihten sich in ihre literarischen Pläne ein. Die Literaturgeschichte bezeichnet das Jahr 1797 als „Balladenjahr", weil in diesem Jahr die wichtigsten Balladen der beiden Dichter entstanden sind.

Der höchste Gott in der griechischen Mythologie, Zeus (in der römischen Überlieferung Jupiter genannt, Genitiv Jovis), teilt die von ihm erschaffene Welt an verschiedene Berufs- und Menschengruppen zu ihrer Nutzung auf. Die Beschenkten greifen eifrig zu und sichern sich ihren Anteil. Der Übervorteilung einzelner beugt Zeus mit der Mahnung vor, die Teilung gerecht vorzunehmen. Zum Zuge kommen die Bauern, der Adel, die städtischen Kaufleute, Geistliche und der König. Die im Gedicht beschriebene Aufteilung bildet die Klassen- und Ständegesellschaft zu Ende des 18. Jahrhunderts ab. Der einzige Berufstand, der bei der Aufteilung der Erde leer ausgeht, sind die Dichter. Sie haben den Termin der Aufteilung verpasst. Als Grund für das Versäumnis wird angegeben, dass der Dichter „aus weiter Ferne" gekommen sei. Mit der „Ferne" ist allerdings keine räumliche, sondern eine geistige Ferne gemeint ist: Der Poet hatte sich in seiner

Gedankenwelt verloren und dabei nicht auf den irdisch-handfesten Vorgang der Aufteilung der Besitztümer der Erde geachtet. Schon damals sagte man Dichtern nach, dass sie nicht allzu lebenstüchtig seien, weil sie sich gerne im „Wolkenkuckucksheim" aufhalten. Ähnlich sieht es der oberste Gott, wenn er abfällig vom „Reich der Träume" spricht. Klug verteidigt sich der Dichter, indem er ausführt, dass er bei seiner Abwesenheit in Gedanken bei Zeus geweilt habe, dass er sich also mit der göttlichen Sphäre befasst habe. Er lobt die göttliche Harmonie und das Himmelslicht, das die Menschen erleuchte. Das Irdische sei diesen Himmelserscheinungen gegenüber unbedeutend. Geschmeichelt macht Zeus dem Dichter ein hochwertiges Geschenk: Er darf an der göttlichen Sphäre teilhaben, wann immer er sich das wünscht.

Mit der göttlichen Sphäre ist hier nicht die Glaubenslehre der christlichen Religion gemeint. Wenn die Dichter der klassischen Periode von Gott oder häufiger noch im Plural von den Göttern sprechen, meinen sie ausschließlich die mythologische Götterwelt des antiken Griechenlands. Das Göttliche steht dann für Erhabenheit, Weisheit, Kraft und Inspiration. An diesen Eigenschaften teilhaben zu können, galt den Dichtern als Auszeichnung, die sie über die normalen Zeitgenossen erhob. Das Gedicht vertritt die für die Klassik typische Haltung, wonach das Reich des Geistes den Dichtern vorbehalten sei. Wenn sie sich der Inspirationen dieser Sphäre bedienen, gelingen ihnen die größten Werke. Wenn man dies weiß, versteht man die Botschaft des Gedichts: Der säumige Dichter geht bei der Aufteilung der Besitztümer keineswegs leer aus, weil er von den irdischen Gütern keines mehr abbekommen hat. Er wurde umso reicher beschenkt, als Gott ihm zugesichert hat, ihn an seiner Sphäre teilhaben zu lassen.

Das Gedicht ist im Stil einer Ballade gestaltet. Ein äußeres Ereignis – die Aufteilung der Erde an seine Bewohner – wird zum Anlass eines Konflikts: Der zu spät gekommene Dichter geht bei der Aufteilung leer aus. In der für ein Rollengedicht typischen Figurenrede wird der Konflikt besprochen und einer harmonischen Lösung zugeführt. Die Sprache des Gedichts entspricht dem hohen, mitunter auch pathetischen Ton, der den Gedichten von Friedrich Schiller eigen ist. Einige Sentenzen gingen als geflügelte Worte auch in den Wortschatz der Deutschen ein. Wenn jemand ratlos ist, was zu tun sei, kann er sagen: „'Was tun?', spricht Zeus...".

Hugo von Hofmannsthal: Manche freilich ... (1895)

Manche freilich müssen drunten sterben,
Wo die schweren Ruder der Schiffe streifen,
Andre wohnen bei dem Steuer droben,
Kennen Vogelflug und die Länder der Sterne.

Manche liegen immer mit schweren Gliedern
Bei den Wurzeln des verworrenen Lebens,
Andern sind die Stühle gerichtet
Bei den Sibyllen, den Königinnen,
Und da sitzen sie wie zu Hause,
Leichten Hauptes und leichter Hände.

Doch ein Schatten fällt von jenen Leben
In die anderen Leben hinüber,
Und die leichten sind an die schweren
Wie an Luft und Erde gebunden:

Ganz vergessener Völker Müdigkeiten
Kann ich nicht abtun von meinen Lidern,
Noch weghalten von der erschrockenen Seele
Stummes Niederfallen ferner Sterne.

Viele Geschicke weben neben dem meinen,
Durcheinander spielt sie alle das Dasein,
Und mein Teil ist mehr als dieses Lebens
Schlanke Flamme oder schmale Leier.

Thema des Gedichts ist die Kluft zwischen den vom Leben Bevorzugten und den sozial Benachteiligten. Am Beispiel eines antiken Schiffes wird dies verdeutlicht: Während die Rudersklaven sich im Unterdeck verausgaben, um das Schiff voranzubringen, vergnügen sich die Privilegierten auf dem Sonnendeck und genießen Natur und Sternenzelt. In der zweiten Strophe wird diese Kluft verallgemeinert auf die ganze Menschheit: Es gibt die Armen mit ihrem "verworrenen Leben" und die Reichen, die sich bedienen lassen. Sorgenfrei ("leichten Hauptes") und ohne arbeiten zu müssen ("leichter Hände") leben sie dahin. Der Sprecher begnügt sich nicht mit der Darstellung dieser Kluft. Er zeigt, dass die Privilegierten an die Erniedrigten und Beleidigten gekettet sind. Sie sind es materiell, weil ihr Reichtum auf deren Arbeit beruht. Sie sind es aber auch emotional, weil die Sensiblen unter den Reichen nicht über das erbärmliche Leben der Unterschicht hinwegsehen können. Sie können es nicht "weghalten von der erschrockenen Seele". Die Botschaft des Gedichtes ist die Mahnung, sich dessen bewusst zu sein, dass die Schicksale der beiden Schichten dicht miteinander verwoben sind.

Für einen aristokratischen Dichter ist dies eine bemerkenswerte Botschaft. Hugo von Hofmannsthal wusste freilich, was Armut bedeutet. Sein Vater, ein

Wiener Bankier, verlor beim Börsenkrach 1873 sein ganzes Vermögen. Der junge Jurastudent Hugo musste deshalb sein Geld selbst verdienen und lebte in ständiger Angst vor Verarmung. Das Gedicht "Manche freilich..." hat er als 21-Jähriger unter dem Eindruck dieser Befürchtung geschrieben.

Poetisch ist die Sprache des Gedichts seinem Vorbild Stefan George verpflichtet. Wie dieser war er der Meinung, dass die Sprache der Poesie einen deutlichen Kontrast zur Alltagssprache bilden müsse: "Es führt von der Poesie kein direkter Weg ins Leben, aus dem Leben keiner in die Poesie." - Auch dieses Gedicht ist diesem Ästhetizismus verpflichtet, indem es eine möglichst große Distanz zur sozialkritischen Sprache des Naturalismus anstrebt. Es sind Verse wie "Und mein Teil ist mehr als dieses Lebens / Schlanke Flamme oder schmale Leier" die Stefan Zweig zu den "unverlöschbaren Versen" des Dichters zählte.

Bertolt Brecht: Fragen eines lesenden Arbeiters (1935)

Wer baute das siebentorige Theben?
In den Büchern stehen die Namen von Königen.
Haben die Könige die Felsbrocken herbeigeschleppt?
Und das mehrmals zerstörte Babylon
Wer baute es so viele Male auf? In welchen Häusern
Des goldstrahlenden Lima wohnten die Bauleute?
Wohin gingen an dem Abend, wo die Chinesische Mauer
fertig war
Die Maurer? Das große Rom
Ist voll von Triumphbögen. Wer errichtete sie? Über wen
Triumphierten die Cäsaren? Hatte das vielbesungene Byzanz
Nur Paläste für seine Bewohner? Selbst in dem sagenhaften
Atlantis
Brüllten in der Nacht, wo das Meer es verschlang
Die Ersaufenden nach ihren Sklaven.

Der junge Alexander eroberte Indien.
Er allein?
Cäsar schlug die Gallier.
Hatte er nicht wenigstens einen Koch bei sich?
Philipp von Spanien weinte, als seine Flotte
Untergegangen war. Weinte sonst niemand?
Friedrich der Zweite siegte im Siebenjährigen Krieg. Wer
Siegte außer ihm?

Jede Seite ein Sieg.
Wer kochte den Siegesschmaus?

Alle zehn Jahre ein großer Mann.
Wer bezahlte die Spesen?

So viele Berichte.
So viele Fragen.

Dieses Gedicht ist das Gründungsmanifest einer Geschichtsschreibung "von unten". Fragte die klassische Historiographie primär nach den Herrschaftsverhältnissen, also nach den großen Männern, die Geschichte machen, indem sie Kriege führen oder Imperien gründen, richtet sich jetzt der Blickwinkel auf die "kleinen Leute", die Geschichte erdulden müssen, weil sie nicht die Macht haben, etwas daran zu ändern. Brecht lenkt den Blick auf diese unsichtbaren Menschen, ohne die die Großen und Mächtigen ihre Taten nicht vollbringen könnten: Die Pyramiden wurden von Sklaven gebaut; die Paläste und Triumphbögen, mit denen die Herrscher sich verewigten, wurden von Maurern errichtet; in den Heeren der Eroberer kämpfen die Söhne des Volkes, allzu oft zwangsrekrutiert und an fremde Herrscher verkauft. Selbst den Köchen, die die Feldherren bekochen, setzt Brecht mit diesem Gedicht ein Denkmal.

Brecht hat das Gedicht in freien Rhythmen und ohne Reimschema gestaltet. Die innere Struktur gehorcht dem Frage-Antwort-Prinzip, das man von der Schule her kennt. Der lyrische Sprecher stellt Fragen, die bis dahin verpönt waren, weil sie im Verdacht standen, dem Kommunismus Vorschub zu leisten („Wer bezahlte die Spesen?"). Antworten werden im Gedicht nicht gegeben („So viele Berichte / So viele Fragen").

Der kritische Leser soll sie selbst finden, indem er die Geschichtsbücher „gegen den Strich" liest. Auf die aktive Rolle des Lesers verweist auch der Titel des Gedichts: „Fragen eines lesenden Arbeiters". Das Gedicht gehorcht dem didaktischen Prinzip, das viele Gedichte und Dramen von Bertolt Brecht kennzeichnet. Im Gefolge dieses und ähnlicher Gedichte hat sich eine Geschichtsschreibung entwickelt, die sich „Oral History" nennt. Sie will denen eine Stimme verleihen, die in den Mahlstrom des Geschichtsprozesses geraten und davon gezeichnet sind. Die Zeitzeugenbewegung ist Teil dieser mündlichen Überlieferung, die die wissenschaftliche Geschichtsschreibung um den subjektiven Faktor ergänzt.

Brechts Gedicht steht in der Tradition der Arbeiterbildung. In der Weimarer Republik gab es die Marxistische Arbeiterschule (MASCH), die sich zur Aufgabe gestellt hat, Arbeiter und Angestellte, die oft nur einen niedrigen formalen Schulabschluss hatten, umfassend zu bilden. An der MASCH unterrichteten bekannte Intellektuelle, Wissenschaftler und Künstler. Albert Einstein sprach z.B. über das Thema: "Was der Arbeiter von der Relativitätstheorie wissen muss." Die heutigen Volkshochschulen verdanken ihre Entstehung diesem Vorläufer der Volksbildung.

Kurt Tucholsky: Augen in der Großstadt (1930)

*Wenn du zur Arbeit gehst
am frühen Morgen,
wenn du am Bahnhof stehst
mit deinen Sorgen:
da zeigt die Stadt
dir asphaltglatt
im Menschentrichter
Millionen Gesichter:
Zwei fremde Augen, ein kurzer Blick,
die Braue, Pupillen, die Lider -
Was war das? vielleicht dein Lebensglück...
vorbei, verweht, nie wieder.*

*Du gehst dein Leben lang
auf tausend Straßen;
du siehst auf deinem Gang,
die dich vergaßen.
Ein Auge winkt,
die Seele klingt;
du hast´s gefunden,
nur für Sekunden...
Zwei fremde Augen, ein kurzer Blick,
die Braue, Pupillen, die Lider;
Was war das? kein Mensch dreht die Zeit zurück...
Vorbei, verweht, nie wieder.*

Du musst auf deinem Gang
durch Städte wandern;
siehst einen Pulsschlag lang
den fremden Andern.
Es kann ein Feind sein,
es kann ein Freund sein,
es kann im Kampfe dein
Genosse sein.
Es sieht hinüber
und zieht vorüber...
Zwei fremde Augen, ein kurzer Blick,
die Braue, Pupillen, die Lider.
Was war das?
Von der großen Menschheit ein Stück!
Vorbei, verweht, nie wieder.

Das Gedicht fängt auf stimmige Weise das hektische Treiben der Menschen in der pulsierenden Großstadt ein. Menschen hasten aneinander vorbei, ihr Blickkontakt währt nur Sekunden: "Zwei fremde Augen, ein kurzer Blick..."- Der Sprecher malt sich aus, was aus einem Kontakt hätte werden können, hätte man den Menschen kennengelernt. Es hätte ein Liebespartner sein können. Die letzte Strophe des Gedichts spielt auf die Endphase der Weimarer Republik an, als in Berlin politische Kämpfe auf der Straße ausgetragen wurden. Im schnellen Blickkontakt kann man Freund und Feind unterscheiden. Die Formulierung "es kann im Kampfe dein / Genosse sein" spiegelt die Sympathie Tucholskys für die politische Linke wider, die sich der Angriffe der Nationalsozialisten zu erwehren hat. Einen gleichgesinnten politischen Kampfgenossen auf der Straße zu erkennen, ist für den Überlebenskampf im Großstadtdschungel wichtig. Die häufige Anrede des Lesers mit dem Personalpronomen "du" zieht diesen ins Geschehen hinein, lässt ihn teilhaben am hektischen Treiben in den Straßenschluchten der Großstadt. Kurt Tucholsky war wie viele seiner schriftstellerischen Kollegen ein Großstadt-Dichter, der die Eindrücke der brodelnden Metropole Berlin während der Weimarer Republik in sich aufgesogen hat. Die politische Rechte schmähte ihn und seinesgleichen als "Asphaltliteraten", was für sie eher eine Auszeichnung bedeutete: Statt nationalistischen Schwulstes schrieben sie feinnervige Gedichte, Liedtexte und Kabarett-Songs, die das Lebensgefühl einer Epoche zum Ausdruck brachten. Dieses Gedicht von Tucholsky ist eines seiner besten. Es zeigt uns ein Lebensgefühl, das die Menschen in allen Großstädten dieser Welt erleben.

Die Strophen des Gedichts bestehen aus 12 Versen. Die ersten vier haben einen Kreuzreim, die nächsten vier je zwei Paarreime. Die letzten vier bilden einen Refrain, der wieder kreuzgereimt ist. In jeder der drei Strophen wird der zweitletzte Vers abgewandelt. Dieser Vers verdeutlicht, was man im Gegenüber auf der Straße gesehen haben könnte: eine mögliche Geliebte, eine Person aus der Vergangenheit, ein unbekanntes Exemplar der gesamten Menschheit. Das Metrum besteht aus dreifüßigen Jamben, denen im Refrain noch ein Anapäst hinzugefügt wird.

Gottfried Benn: Anemone (1936)

Erschütterer -: Anemone,
die Erde ist kalt, ist nichts,
da murmelt deine Krone
ein Wort des Glaubens, des Lichts.

Der Erde ohne Güte,
der nur die Macht gerät,
ward deine leise Blüte
so schweigend hingesät.

Erschütterer -: Anemone,
du trägst den Glauben, das Licht,
den einst der Sommer als Krone
aus großen Blüten flicht.

Gottfried Benn widmet der kleinen weißen Frühjahrsblume ein bezauberndes Gedicht. Die eingangs verwendete Vokabel „Erschütterer" ist doppeldeutig zu verstehen: die Blume erschüttert den gefrorenen Boden, wenn sie ihn mit ihren Blüten durchbricht. Sie erschüttert aber auch die Menschen, wenn sie erleben, wie die Anemone im Frühling in strahlendem Weiß erblüht und im noch kahlen Wald einen ganzen Blütenteppich erzeugt. Sie kann den Glauben des Menschen (an Gott?) stärken, zumindest Hoffnung und Zuversicht („Licht") in das Leben der Menschen bringen. Sie wird dem Menschen, der die Erde unmenschlich eingerichtet hat, geschenkt, ohne dass er diese Schönheit verdient hätte. Mit der Zeit, in der „nur die Macht gerät", ist vermutlich der Nationalsozialismus gemeint. Die letzte Strophe nimmt die Formulierung der ersten wieder auf: „Erschütterer -: Anemone". Der Frühjahrsblüher wird als Künder der Blütenfülle bezeichnet, die uns später der Sommer bescheren wird. Auffällig ist, dass der Anemone eine fast religiöse Kraft zugesprochen wird. Sie schenkt den Menschen wieder den Glauben, der durch böses Menschenwerk erschüttert worden ist. Die Vokabel „Krone" deutet zudem darauf hin, dass die kleine weiße Blume in der Natur etwas Königliches, Majestätisches darstellt, aus dem die Menschen innere Kraft, Hoffnung und Zuversicht schöpfen können.

Vielleicht kann man aus dem Gedicht auch die innere Abkehr von eigenen ideologischen Verirrungen (Benn hat sich anfangs den Nationalsozialisten angedient) herauslesen. Das Gedicht ist 1936 entstanden, also zur Zeit der inneren Emigration des Dichters. In den Gedichten aus jener Zeit hat sich Benn den Erscheinungen der Welt zugewandt, darunter auch Blumen (Astern, Anemone). Diese Gedichte, die Benn auch „statische Gedichte" nannte, gestalten das Staunenswerte und Wunderbare der Natur. Mit diesen Gedichten gelingt es Benn, das Magisch-Geheimnisvolle zu gestalten, das den Dingen innewohnt. Er knüpft dabei an die Qualität der Dinggedichte an, die Rainer Maria Rilke zur Vollendung geführt hat.

Else Lasker-Schüler: Die Verscheuchte (1934)

Es ist der Tag in Nebel völlig eingehüllt,
Entseelt begegnen alle Welten sich
Kaum hingezeichnet wie auf einem Schattenbild.

Wie lange war kein Herz zu meinem mild...
Die Welt erkaltete, der Mensch verblich.
- Komm, bete mit mir – denn Gott tröstet mich.

Wo weilt der Odem, der aus meinem Leben wich?
Ich streife heimatlos zusammen mit dem Wild
Durch bleiche Zeiten träumend – ja ich liebte dich...

Wo soll ich hin, wenn kalt der Nordsturm brüllt?
- Die scheuen Tiere aus der Landschaft wagen sich
Und ich vor deine Tür, ein Bündel Wegerich.

Bald haben Tränen alle Himmel weggespült,
An deren Kelchen Dichter ihren Durst gestillt,
Auch du und ich.

Die Dichterin hat dieses Gedicht 1934 im Exil geschrieben. Es entwirft düstere Bilder der Vereinsamung und menschlichen Kälte. Der im ersten Vers genannte "Nebel" steht für die Orientierungslosigkeit, die die Emigranten nach ihrer Vertreibung aus der Heimat befiel. Damit einher gehen Einsamkeit und das Fehlen von Nähe und Zuwendung. Trost sucht das lyrische Ich in der Hinwendung zu Gott. Die Entwurzelung der Emigranten wird in Analogie zum umherstreifenden Wild geschildert. Die "scheuen Tiere" sind ihre Begleiter, wo Zuspruch durch Menschen fehlt. Die Frage "Wo soll ich hin?" veranschaulicht die existentielle Not, der sich die Sprecherin ausgesetzt fühlt. An drei Stellen im Gedicht wird ein "Du" angeredet. Es handelt sich um einen ehemaligen Geliebten ("ja ich liebte dich"), von dem sie Zuspruch und Schutz erhofft ("...vor deine Tür"). In der letzten Strophe wird deutlich, dass der Geliebte auch ein Dichter ist. Beide haben sich der schönen Dinge des Lebens erfreut und sie in ihrer Dichtung besungen ("An deren Kelchen Dichter ihren Durst gestillt"). Die düstere Wirkung des Gedichts entsteht durch ein negativ geprägtes Wortfeld ("Nebel", "Nordsturm", "Tränen"). Der erkalteten Welt der Heimatlosigkeit kann die Sprecherin nur das im Rückblick Erträumte entgegensetzen ("Herz", "Himmel", "Kelch"). Der Begriff "Kelch" verweist auf ein christliches Symbol. Im Kelch kredenzte Jesus Christus seinen Jüngern kurz vor seinem Tod beim Abendmahl den Wein als symbolisches Zeichen für sein Blut, das er für die Menschheit vergossen hat. Damit verbürgt er den Jüngern seine symbolische Anwesenheit auch nach seinem leiblichen Tod. Auch im jüdischen Schabbatmahl spielt der Kelch eine Rolle. Wenn, wie hier im Gedicht, die Dichter an den "Kelchen" der Himmel "ihren Durst gestillt" haben, wird die Poesie zur göttlichen Inspiration. Mit der Vertreibung aus der Heimat ist der himmlische Quell für die dichterische Produktivität versiegt. Der Titel "Die Verscheuchte" gibt das Existentielle der Situation eindringlich wieder. Die Dichterin fühlt sich wie eine Aussätzige verscheucht, von den Orten der Zivilisation und Menschlichkeit vertrieben. Das Umherstreifen mit dem Wild und das Warten vor der Tür des ehemaligen Geliebten vermitteln auf bewegende Weise das Gefühl, unbehaust und ungeborgen zu sein.

Man kann annehmen, dass sich der Schluss-Vers "Auch du und ich" auf Gottfried Benn bezieht, mit dem Else Lasker-Schüler mehr als nur eine Dichterfreundschaft gepflegt hat. Als tragisch muss man das "Auch du und ich" empfinden, wenn man weiß, dass sich Gottfried Benn am 24. 4. 1933 in einem Rundfunkvortrag dem Nationalsozialismus angedient hat. Er polemisierte gegen die Emigranten, denen er vorwarf, sich der "neuen Vision von der Geburt des Menschen" zu entziehen und es sich an südlichen Stränden wohl sein zu lassen. Lasker-Schüler hatte im Exil ein erbärmliches Leben, das sie nur mit Hilfe von Spenden von Wohltätigkeitsorganisationen fristen konnte. Am 22. Januar 1945 starb die Dichterin in Jerusalem. Auf dem jüdischen Friedhof auf dem Ölberg wurde sie begraben. Immerhin hat Gottfried Benn Else Lasker-Schüler als die „größte Lyrikerin, die Deutschland je hatte", bezeichnet.

Wolf Biermann: Portrait eines alten Mannes (1977)

Seht, Genossen, diesen Weltveränderer: Die Welt
Er hat sie verändert, nicht aber sich
selbst
Seine Werke, sie sind am Ziel, er aber ist am Ende

Ist dieser nicht wie der Ochse im Joch
des chinesischen Rades? Die
Wasser
hat er geschöpft. Die Felder
hat er gesättigt. Der Reis
grünt. Also schreitet dieser
voran im Kreise
und sieht auch vor sich nichts, als
abertausendmal eigene Spur im Lehm
Jahr für Jahr wähnt er also, der Einsame,
den Weg zu gehen der Massen. Und er läuft doch
selbst nur nach. Sich selber nur
trifft er und findet sich nicht
und bleibt sich selber immer der Fernste

Seht, Genossen, diesen Weltveränderer: Die Welt
Er hat sie verändert, nicht aber sich
selbst
Seine Werke, sie sind am Ziel, er aber ist am Ende

Das seht, Genossen. Und zittert!

Das Gedicht thematisiert den Widerspruch zwischen dem marxistischen Anspruch auf Veränderung der Welt und dem Umstand, dass sich der einzelne Mensch nicht so verändert, wie es die Ideologie vorsieht. Im kunstvoll ausgeführten Vergleich mit einem im Kreis laufenden Ochsen wird veranschaulicht, dass der Kommunismus nicht nur die Mentalität der Massen verfehlt, sondern auch die Selbstverwirklichung des Individuums verhindert ("und findet sich nicht / und bleibt sich selbst immer der Fernste"). Der Kämpfer für eine gerechte Gesellschaft ist sich selbst entfremdet. Er bleibt sich selbst "immer der Fernste", findet also keine stimmige Identität. Das Gedicht schließt mit einem emphatischen Aufruf an die "Genossen" der kommunistischen Bewegung, diesen Widerspruch zwischen Lehre und Realität endlich zur Kenntnis zu nehmen: „Das seht, Genossen. Und zittert!". Mit diesem Gedicht drückt Biermann, der mit kommunistischen Idealen groß geworden ist, sein Unbehagen darüber aus, dass es dem Sozialismus nicht gelingt, die Menschen glücklich zu machen.

Das Gedicht hat eine klare Struktur: In zwei gleichlautende dreizeilige Strophen, die mit der Anrede „Seht, Genossen..." beginnen, ist eine längere Strophe eingebettet, die das Bild des im Kreis gehenden Ochsen entfaltet. Der für sich stehende Schlussvers „Das seht, Genossen. Und zittert!"

appelliert an die kommunistische Bewegung, den ideologisch vorgegebenen Trott zu verlassen und einen Sozialismus zu entwickeln, der die Menschen mit der Ideologie versöhnt: einen Kommunismus mit menschlichem Antlitz.

Der Dichter hat das Gedicht 1977 veröffentlicht. Ein Jahr zuvor war Wolf Biermann nach einem Konzertauftritt in Köln von der DDR-Regierung die Staatsbürgerschaft der DDR entzogen worden, so dass er nicht mehr nach Ost-Berlin zurückkehren konnte. Die Wogen der Empörung schlugen hoch - in West und Ost -, weil es zuletzt die Nationalsozialisten waren, die missliebige Künstler ausgebürgert hatten. Zahlreiche Schriftsteller der DDR unterschrieben eine Protestresolution, was ihren Ausschluss aus dem Schriftstellerverband der DDR und aus der SED (sofern sie Mitglied in der Staatspartei waren) zur Folge hatte. Nachdem das Protestschreiben in den Westmedien veröffentlicht worden war, schlossen sich ihr auch zahlreiche andere Kulturschaffende, Schauspieler, Maler und Musiker, an. Viele Künstler der jüngeren Generation stellten darauf einen Antrag auf Übersiedlung in die BRD. So ging die DDR eines Teils ihrer kritischen Intellektuellen verlustig.

Peter-Paul Zahl: frühe tode (1975)

Mozart
starb im alter
von 35 jahren

soll ich darüber jammern
wenn die durchschnittliche
lebenserwartung in persien
30 jahre ist

Chopin
starb im alter
von 39 jahren

39 jahre
alt zu werden
ist in Ekuador heute
schon eine leistung

Rimbaud
starb im alter
von 37 jahren

er zählte
in den gettos von Kapstadt
heut zu den greisen

lasst uns nicht jammern
über die
die zu früh starben

besser wir sorgen dafür
dass früh sterben die
die verantwortlich sind
für die frühen tode
in Persien / Ekuador / Kapstadt

so ehren wir
die klassiker

Als das Gedicht 1975 im Rotbuch Verlag Berlin erschien, war es eine Provokation. Unverhohlen wird dazu aufgefordert, die Menschen zu töten, die für die Kindersterblichkeit in der Dritten Welt verantwortlich sind. Wer diese Menschen sind, stand für den Autor des Gedichts, Peter-Paul Zahl, nie in Zweifel: Es sind die Imperialisten der kapitalistischen Länder und die Politiker, die sie decken und gewähren lassen. An dieser Art der apodiktischen Schuldzuweisung kann man erkennen, dass der Autor der linksradikalen Studentenbewegung angehörte, die zwischen 1968 und 1975 die Republik erschütterte. P.-P. Zahl agierte im Umfeld der anarchistischen "Bewegung 2. Juni" und der "Tupamaros West-Berlin", die Anschläge verübten und Politiker entführten, um Gefangene freizupressen. Im Dezember 1972 kam es in Düsseldorf bei der versuchten Festnahme von Zahl zu einem Schusswechsel, bei dem ein Polizist schwer verletzt wurde. Der Schütze P.-P. Zahl wurde zu 15 Jahren Gefängnis verurteilt, von denen er zehn verbüßte. 2011 starb er 66-jährig in Jamaika, wohin er 1985 ausgewandert war. Ungeachtet seiner radikalen Gesinnung sind die besten seiner Gedichte von hoher Qualität – so auch "früher tod". Nach dem Vorbild der Lyrik Bertolt Brechts wird die Dialektik von Unterdrückung und Befreiung entfaltet. Dabei spielt das Gedicht mit der Verehrung, die das

Bildungsbürgertum den früh verstorbenen Künstlern Mozart, Chopin und Rimbaud entgegenbringt. Die Liebhaber dieser Künstler sollen ihre Trauer über die frühen Tode ihrer musischen Heroen in politische Unterstützung der Befreiung der armen Länder verwandeln. "So ehren wir die Klassiker" bildet eine suggestive Pointe, die an das moralische Gewissen bildungsbeflissener Leser appelliert. Da die Schuldzuweisung im Gedicht monokausal erfolgt (schuld ist nur der Kapitalismus), werden störende Fakten, wie z.B. die Korruption der Eliten in der Dritten Welt und ihre schlechte Regierungsführung, ausgeblendet. Auch heute noch gibt es ein Gefälle zwischen den armen Ländern unseres Globus und den reichen Industrieländern – vor allem in den Bereichen Sozialstaat, Bildung und Gesundheit. Es gibt aber auch Beispiele, wie sich ehemalige Entwicklungsländer zu modernen Industriestaaten entwickelt haben.

Heute kommt uns ein Gedicht wie das von Peter-Paul Zahl zynisch und barbarisch vor. Seine unmenschliche Botschaft lehrt uns, dass jedes Leben einmalig und deshalb schützenswert ist.

Kurt Marti: Warnung (1959)

Kleiner Mann, hab acht,
was man aus dir macht.

Lass dein Hirn nicht rosten,
denn du kennst den Schlich.
Geht es um die Kosten,
braucht man sicher dich.

Darum sei nicht dümmer,
als man grad noch muss.
Zahlen muss man immer.
Meist zahlst du zum Schluss.

Sei es mit dem Leben,
sei es mit dem Geld.
Zahlen muss man eben,
denn so ist die Welt.

Kleiner Mann, hab acht,
was man mit dir macht.

Das Gedicht beginnt mit einem Aufruf an den „kleinen Mann", der an einen militärischen Befehl erinnert. Im militärischen Reglement bedeutet der Befehl „Habt Acht!", dass die Soldaten eine bestimmte Körperhaltung einnehmen müssen, die ihre Aufmerksamkeit erhöht. Auch Dichter haben die Formel „Habt Acht" gerne verwendet, wenn sie die Menschen zu etwas Dringlichem ermahnen wollten. Von Friedrich Nietzsche kennen wir das „Trunkene Lied" aus der Schrift „Also sprach Zarathustra", das so beginnt: „O Mensch! Gib Acht! Was spricht die tiefe Mitternacht?" – Kurt Marti möchte den Angehörigen der sozialen Unterschicht, die im Soziologenjargon gerne als „kleiner Mann" bezeichnet werden, die Botschaft vermitteln, sich von den Herrschenden finanziell nicht betrügen zu lassen. Er verweist auf einen Brauch in der Politik, bei einem staatlichen Finanzbedarf immer auf die breite Masse der Bevölkerung zurückzugreifen, weil sich schon durch deren schiere Zahl eine große Summe einsammeln lässt. Der Schweizer Schriftsteller Kurt Marti war Pfarrer. Die Seelsorge für die Menschen hat ihn gelehrt, dass es im Leben immer auch Verlierer gibt („Zahlen muss man eben, / denn so ist die Welt"). Man kann sich nur dagegen wehren, wenn man die Zumutungen der Herrschenden durchschaut. Dazu sind Schlauheit und politischer Durchblick nötig („Darum sei nicht dümmer…"). Im Sinne der Brechtschen Aufklärungslyrik wird das Problem nur benannt („Meist zahlst du zum Schluss."). Die Lösung muss der kleine Mann selbst finden, indem er sich z.b. einer (linken) politischen Partei anschließt oder den gewerkschaftlichen Kampf aufnimmt. Kurt Marti vertritt hier eine Strömung in der protestantischen Kirche, die sich tagespolitischen Herausforderungen nicht verschließt. Im Gegensatz zur katholischen Kirche, die sich eher auf den transzendenten Glaubenskern des Christentums konzentriert, will die evangelische Kirche den Menschen schon auf Erden das Leben erleichtern. Evangelische Pfarrer zieht es deshalb nicht selten in die Politik.

Das Gedicht besteht aus fünf Strophen, von denen die erste und letzte nur zwei, die anderen vier Verse aufweisen. Die verkürzten Strophen sind bis auf eine kleine Variation im Wortlaut identisch: In der letzten Strophe wird aus „was man aus dir macht" „was man mit dir macht". Anfangs- und Schlussstrophe bilden im Gedicht einen Rahmen. Das Metrum ist der dreifüßige Trochäus. Die Sprache des Gedichts ist schmucklos. Für die politische Belehrung des kleinen Mannes wäre eine poetisch durchgeformte Sprache eher hinderlich.

Sarah Kirsch: Im Sommer (1976)

Dünnbesiedelt das Land.
Trotz riesigen Feldern und Maschinen
Liegen die Dörfer schläfrig
In Buchsbaumgärten; die Katzen
Trifft selten ein Steinwurf.

Im August fallen Sterne.
Im September bläst man die Jagd an.
Noch fliegt die Graugans, spaziert der Storch
Durch unvergiftete Wiesen. Ach, die Wolken
Wie Berge fliegen sie über die Wälder.

Wenn man hier keine Zeitung hält
Ist die Welt in Ordnung.
In Pflaumenmuskesseln
Spiegelt sich schön das eigne Gesicht und
Feuerrot leuchten die Felder.

Das Gedicht spielt auf dem Lande. "Schläfrig" liegen die Dörfer in der Landschaft, abgekoppelt vom hektischen Treiben der großen Städte. Es schildert trotzdem keine Idylle der Unberührtheit. Der Verweis auf Maschinen zeigt, dass es sich um eine vom Menschen geformte Kulturlandschaft handelt. Katzen haben nicht zu befürchten, mit Steinen beworfen zu werden. Der bäuerliche Mensch schätzt und schützt die Kreatur. Graugans und Storch finden ideale Lebensräume, weil die Wiesen (noch) nicht trockengelegt wurden oder mit Insektiziden bearbeitet werden. Das eingemachte Pflaumenmus steht für Häuslichkeit und nachhaltiges Wirtschaften. Die Schilderung ländlichen Lebens erhält als politische Spitze den Verweis auf die Zeitungen, die vom politischen Weltgeschehen künden und die man in der ländlichen Einsamkeit nicht liest. Als das Gedicht entstand, war der Ost-West-Konflikt noch in vollem Gange, in der BRD tobte der Kampf der RAF gegen den Staat und in Soweto (Südafrika) gab es einen großen Aufstand der Schwarzen gegen die Apartheidpolitik der Regierung. Das alles zählt nicht, wenn es um ein in sich ruhendes Leben auf dem Lande geht. In Jahr 1976, in dem das Gedicht entstand, fiel Sarah Kirsch in der DDR, wo sie bisher eine geachtete Dichterin war, in Ungnade, weil sie zu den Erstunterzeichnern der Protesterklärung gegen die Ausbürgerung von Wolf

Biermann aus der DDR gehörte. Ein Jahr später siedelte sie in den Westen Deutschlands über.

Die meisten Gedichte von Sarah Kirsch sind in freien Rhythmen verfasst. Es gibt kein festes Metrum und kein Reimschema. Dennoch sind die Verse rhythmisch akzentuiert, werden die Zeilensprünge bewusst gesetzt, um einzelne Wörter zu betonen und ein natürliches Sprechtempo zu erzielen. Bevor sich Sarah Kirsch für den Beruf als Dichterin entschied, studierte sie Biologie. Daher erklärt sich ihre Vorliebe für die Natur, für Landschaften und Tiere. Der Schutz der Natur bleibt für sie bis zu ihrem Tod 2013 ein zentrales Anliegen. Sarah Kirsch gilt als eine der bedeutendsten deutschen Lyrikerinnen. Mit aller Vorsicht vor Etikettierung kann man sie der literarischen Strömung der Neuen Subjektivität zuordnen. In den Naturgedichten von Annette von Droste-Hülshoff hat sie ihr Vorbild gesehen.

Vergänglichkeit und Tod

„Ach, ich bin des Treibens müde"

Andreas Gryphius: Abend (1650)

Der schnelle Tag ist hin, die Nacht schwingt ihre Fahn
Und führt die Sternen auf. Der Menschen müde Scharen
Verlassen Feld und Werk. Wo Tier und Vögel waren,
Trauert jetzt die Einsamkeit. Wie ist die Zeit vertan!

Der Port naht mehr und mehr sich zu der Glieder Kahn.
Gleich wie dies Licht verfiel, so wird in wenig Jahren
Ich, du und was man hat und was man sieht hinfahren.
Dies Leben kommt mir vor als eine Rennebahn.

Lass höchster Gott mich doch nicht auf dem Laufplatz
gleiten
Lass mich nicht Ach, nicht Pracht, nicht Lust, nicht Angst
verleiten.
Dein ewig-heller Glanz sei vor und neben mir.

Lass, wenn der müde Leib entschläft, die Seele wachen.
Und wenn der letzte Tag wird mit mir Abend machen,
So reiß mich aus dem Tal der Finsternis zu dir.

Das Gedicht thematisiert am Beispiel des Abends die Vergänglichkeit des menschlichen Lebens. Am Ende des Tages kehren die Menschen von der Arbeit in ihre Wohnungen zurück. Auch die Tiere begeben sich zur Ruhe. Die Geschäftigkeit des Tages wird durch die Einsamkeit der Nacht abgelöst. Genauso geht das Leben der Menschen zu Ende. Am Beispiel eines Schiffes („Kahn"), das in den Hafen („Port") einläuft, wird verdeutlicht, dass das Leben des Menschen unweigerlich dem Ende entgegengeht. Für den Sprecher geht das Leben wie im Flug vorüber („Renne-Bahn"). Mit dem Körper werden auch Hab und Gut zugrunde gehen. Die zweite Hälfte des Gedichts beginnt mit einem Gebet an Gott. Der Sprecher bittet, Gott möge ihn auf den richtigen Weg führen und im Leben nicht straucheln lassen. Er solle ihn vor allem vor einem gottlosen und sündigen Leben bewahren. In einer vierteiligen Aufzählung wird verdeutlicht, was der Sprecher darunter versteht. Der Mensch kann durch Schmerzen, aber auch durch die Verlockungen des Wohlstandes und der Erotik zu einem Abfall von Gott verleitet werden. In der letzten Strophe nimmt der Sprecher Bezug auf die christliche Vorstellung vom vergehenden Leib und der unsterblichen Seele. Gott soll seine Seele retten und ihn aus der drohenden Verdammnis ins Paradies hinüberführen. Das Gebet wird mit Hilfe von vier Imperativen sehr eindringlich gestaltet.

Das Gedicht zeigt die Angst eines christlich geprägten Menschen, nach dem Leben auf der Erde das vom Christentum verheißene Paradies zu verpassen. Der Abend mahnt ihn, des drohenden Endes zu gedenken und seinen Frieden mit Gott zu machen. Das Gedicht verwendet eine stark bildhafte und metaphorische Sprache. Eine besondere Form der Metapher ist die Personifikation. Sie wird im Gedicht mehrfach verwendet: „Die Nacht schwingt ihre Fahn." Das Gedicht wurde in der Form des Sonetts mit zwei Quartetten und zwei Terzetten gestaltet. Das Metrum ist der sechsfüßige Jambus, der Alexandriner, der in einigen Versen in der Mitte eine Zäsur aufweist. Das Reimschema ist der umschließende Reim (in den Quartetten) und der Paarreim mit umschließendem Reim (in den Terzetten).

Die Lebenszeit von Andreas Gryphius - 1616 bis 1664 – deckt sich mit der Dauer des Dreißigjährigen Krieges. In dieser Zeit war in Deutschland der Tod allgegenwärtig. Durch Kriegshandlungen, Hunger und Pest kamen in manchen Landesteilen bis zu 50 Prozent der Bewohner ums Leben. Gryphius hat dieses Gedicht im Alter von 34 Jahren verfasst. Es ist also kein Altersgedicht. In einer Zeit, in der die Menschen auch unabhängig von Kriegshandlungen eine niedere

Lebenserwartung hatten, war der Tod als Lebensbegleiter ständig präsent. Sich darüber Gedanken zu machen, war vor allem christlich geprägten Menschen ein verständliches Anliegen.

Die großen Abend- und Nachtgedichte der Romantik von Eichendorff, Novalis und Brentano sind ohne das Vorbild dieses Gedichts nur schwer vorstellbar.

Friedrich Gottlieb Klopstock: Die frühen Gräber (1764)

Willkommen, o silberner Mond,
Schöner, stiller Gefährte der Nacht!
Du entfliehst? Eile nicht, bleib, Gedankenfreund!
Sehet, er bleibt, das Gewölk wallte nur hin.

Des Maies Erwachen ist nur
Schöner noch wie die Sommernacht,
Wenn ihm Tau, hell wie Licht, aus der Locke träuft,
Und zu dem Hügel herauf rötlich er kömmt.

Ihr Edleren, ach es bewächst
Eure Male schon ernstes Moos!
O wie war glücklich ich, als ich noch mit euch
Sähe sich röten den Tag, schimmern die Nacht.

Das Gedicht ergeht sich in verzückter Naturbetrachtung und Mondschwärmerei. Dazu kommt ein Nachdenken über den Tod - fast könnte man von einem Todeskult sprechen. Am Anfang steht ein Willkommensgruß an den Mond. Die subjektive (falsche) Beobachtung, der Mond wolle sich entfernen, wird in der sich anschließenden Anrede an imaginäre Anwesende zurechtgerückt, objektiviert. Es war nur eine optische Täuschung. Die Gegenwart der Sommernacht wird in der zweiten Strophe von der Erinnerung an Vergangenes abgelöst. Der Maianfang wird als besonders schönes Naturschauspiel heraufbeschworen. In der dritten Strophe gewinnt die sehnsuchtsvolle Erinnerung an die glückliche Zeit mit den früh Verstorbenen die Oberhand. Der Komparativ "Edleren" soll die Toten erhöhen, ihren Wert beschwören. Das Gedicht schließt mit einer pathetischen Bekundung gemeinsam erlebten Glückes. Der Ton des ganzen Gedichts ist der einer Hymne: feierlich und pathetisch.

Klopstock ist der Begründer der sog. Empfindsamkeit, einer gefühlsbetonten literarischen Strömung im 18. Jahrhundert. Der Begriff "empfindsam" wurde von Lessing geprägt, der ihn als deutsches Wort für den englischen Terminus "sentimental" vorschlug. Die Schwärmerei der Dichter erstreckte sich auf Religion, Natur, Freundschaft und Liebe. Die Rationalität der

Aufklärung wurde durch den Aspekt subjektiver seelischer Regungen bereichert. Klopstock war das Vorbild der Dichtergeneration um das junge Genie Goethe. In seinem "Werther"-Roman setzt Goethe seinem Idol ein Denkmal. Werther lernt seine Geliebte Lotte auf einem Ball kennen. Als ein Gewitter über das Land zieht, treten beide ans Fenster:

„Sie stand, auf ihren Ellenbogen gestützt, ihr Blick durchdrang die Gegend, sie sah gen Himmel und auf mich, ich sah ihr Auge tränenvoll, sie legte die Hand auf die meinige und sagte – Klopstock! – Ich erinnerte mich sogleich der herrlichen Ode, die ihr in Gedanken lag, und versank in dem Strome von Empfindungen, den sie in dieser Losung über mich ausgoss. "

Das waren noch Zeiten, als der Name eines Dichters die Gemüter der Jugend in Wallung versetzen konnte.

Johann Wolfgang von Goethe: Wandrers Nachtlied (1776/1789)

Der du von dem Himmel bist,
Alles Leid und Schmerzen stillest,
Den, der doppelt elend ist,
Doppelt mit Erquickung füllest;
Ach, ich bin des Treibens müde!
Was soll all der Schmerz und Lust?
Süßer Friede,
Komm, ach komm in meine Brust!

Johann Wolfgang von Goethe: Ein gleiches (1780)

Über allen Gipfeln
Ist Ruh',
In allen Wipfeln
Spürest Du
Kaum einen Hauch;
Die Vögelein schweigen im Walde.
Warte nur! Balde
Ruhest du auch.

Goethe war in jungen Jahren ein begeisterter Wanderer. In seiner Frankfurter Zeit machte er Wanderungen nach Darmstadt, an den Rhein und nach Thüringen. In seiner Autobiografie „Dichtung und Wahrheit" berichtet Goethe davon, dass Freunde ihn wegen seines Umherschweifens „Wandrer" genannt hätten. Beide Nachtlieder verdanken sich Wanderungen Goethes. Das erste fand sich in den Briefen Goethes an seine Weimarer Muse Charlotte vom Stein. Das Blatt trägt neben seiner Unterschrift noch den Hinweis: „Am Hang des Ettersbergs d. 12. Feb. 76". Der Ettersberg ist ein Höhenzug nordwestlich von Weimar mit der höchsten Erhebung von 482 Metern.

Abend und Nacht sind für den Wanderer nicht nur Phasen der Ruhe, sondern auch die Zeit der Besinnung. Gestärkt durch Speis und Trank überlässt er sich seinen Gedanken. Im ersten Nachtlied spricht der Sprecher ein Gefühl an, das nach den Strapazen der Wanderung willkommen ist: Ruhe und Frieden („süßer Friede"). Der Friede wird als himmlisch beschrieben, als von Gott geschenkt. Dieser Friede besänftigt den Menschen, indem er die emotionalen Affekte zur Ruhe bringt. Zu diesen zählt Goethe „Leid und Schmerzen". In der Formulierung „Schmerz und Lust" drückt sich eine Ambivalenz der Gefühle aus. In Anlehnung an die Denkungsart der griechischen Philosophen hält der

Dichter ein mittleres Glück für wünschenswert, das überschäumende Freude und niederdrückende Schmerzen vermeidet.

Man hat aus diesem Gedicht auch Todessehnsucht herauslesen wollen („Ach, ich bin des Treibens müde"). Es findet sich deshalb manchmal in Todesanzeigen wieder. Das Gedicht ist kunstvoll gestaltet. Es beginnt mit einem langen Satz, der sich über mehrere Verse hinzieht und erst im verkürzten siebten Vers den Adressaten des Anrufs nennt: den „süßen Frieden". Die Verkürzung des Verses erhöht die Dramatik der Aussage. Das Gedicht endet mit einem Imperativ, der den seelischen Frieden herbeisehnt.

Das zweite Nachtlied schrieb Goethe am Abend des 6. September 1780 mit Bleistift an die Holzwand der Jagdhütte auf dem Kickelhahn bei Ilmenau, wo er übernachtet hatte, um der „unverbesserlichen Verworrenheit der Menschen auszuweichen", wie er Charlotte vom Stein in einem Brief schrieb. Am 4. September 1831, 51 Jahre später und sechs Monate vor seinem Tod, schrieb er seinem Freund Zelter, dass er bei einem neuerlichen Besuch in der Jagdhütte seine alte Inschrift - wenn auch sehr verwaschen - wiedergefunden habe.

Das zweite Abendlied gemahnt an den Tod, dem alle Lebewesen, auch der Mensch, verfallen sind. Das menschliche Leben ist eingebettet in die Abläufe der Natur und des Kosmos. Im Gedicht erscheint die Natur in ihrer anorganischen (Gipfel) und organischen Gestalt (Wipfel, Vögel). Auf dem Gipfel des Berges ahnt der Mensch, Höhepunkt der Schöpfung, dass der abendliche Schlaf nur der Vorbote des ewigen Schlafes ist. Es ist ein typisches Goethegedicht, weil es aus der Anschauung der Natur (Goethe war ein Augenmensch) eine philosophische Einsicht gewinnt.

Dieses Abendlied wurde zu Goethes bekanntestem Gedicht. Heute kann man in der neu errichteten Jagdhütte auf dem Kickelhahn auf Glastafeln das deutsche Original des Gedichts und fünfzehn fremdsprachliche Übersetzungen bewundern.

Friedrich Hölderlin: An die Parzen (1799)

Nur Einen Sommer gönnt, ihr Gewaltigen!
Und einen Herbst zu reifem Gesange mir,
Dass williger mein Herz, vom süßen
Spiele gesättiget, dann mir sterbe.

Die Seele, der im Leben ihr göttlich Recht
Nicht ward, sie ruht auch drunten im Orkus nicht;
Doch ist mir einst das Heil'ge, das am
Herzen mir liegt, das Gedicht, gelungen,

Willkommen dann, o Stille der Schattenwelt!
Zufrieden bin ich, wenn auch mein Saitenspiel
Mich nicht hinab geleitet; Einmal
Lebt ich, wie Götter, und mehr bedarfs nicht.

Die Parzen sind in der griechischen Mythologie die drei Schicksalsgöttinnen Klotho, Lachesis und Atropos. Sie entscheiden über den Lebensweg des Menschen. Klotho spinnt den Lebensfaden, Lachesis bemisst ihn und Atropos durchtrennt ihn. Die drei Parzen haben etliche Dichter zur literarischen Gestaltung angeregt, so Schiller, Goethe, Heine und Enzensberger. Friedrich Hölderlin widmete ihnen eines seiner schönsten Gedichte. Es ist 1799 in Frankfurt/M. entstanden. Hölderlin war 29 Jahre alt. Nach Ablegung seines Theologieexamens in Tübingen im Jahr 1793 verdingte er sich, den ungeliebten Pfarrerberuf meidend, als Hauslehrer („Hofmeister"). Dabei lernte er Susette Gontard, die Ehefrau seines Arbeitgebers, kennen und lieben. Als dieser das Liebesverhältnis des jungen Dichters zu seiner Frau entdeckt, wird er von ihm des Hauses verwiesen. Der melancholischen Stimmung, der Hölderlin daraufhin verfällt, verdankt sich dieses Gedicht. Es enthält schon die Todessehnsucht, die spätere Gedichte, vor allem die berühmte „Abendphantasie", charakterisieren sollte. Das Gedicht beginnt mit einem Appell an die drei Schicksalsgöttinnen, ihm noch einen Aufschub vor dem Tod zu gewähren, weil er die verbleibende Zeit zum Dichten („zu reifem Gesang") nutzen wolle. Seine Seele sei aufgewühlt, weil sie im diesseitigen Leben noch keine Erfüllung gefunden habe („…im Leben ihr göttlich Recht / Nicht ward"). Wenn ihm aber das ideale Gedicht gelinge, könne er beruhigt und mit sich im Reinen sterben.

Hölderlin erhöht das Dichten zu einer sakralen Handlung („das Heil`ge,..., das Gedicht"), das den Dichter von den normalen Menschen unterscheidet. Ein einziges perfektes Gedicht wiege ein unerfülltes Leben auf und stelle den ingeniösen Sprachschöpfer den Göttern gleich. In dem Gedicht „An die Parzen" gelingt Hölderlin eine der schönsten Huldigungen an die literarische Gattung Gedicht in deutscher Sprache. Theodor Fontane hat diesem Gedicht in seinem ersten Roman „Vor dem Sturm" (1878) ein Denkmal gesetzt. Die Aufständischen gegen die napoleonische Besatzung Preußens orientieren sich an dem Gehalt des Gedichts: Wenn man eine heilige Mission verfolgt, kommt es nicht auf ein langes, sondern auf ein erfülltes Leben an. Erfüllt ist es, wenn es im Dienst einer Idee – z. B. der Befreiung von tyrannischer Unterdrückung – steht. Hölderlin war ein profunder Kenner der griechischen Literatur. In dieser Ode (die Ode ist eine Liedform) benutzt er die alkäische Strophe, deren Verse eine unterschiedliche Silbenhäufigkeit (11,11,9,10) aufweisen: Die beiden ersten Verse enthalten in der Mitte eine Zäsur. Als Metrum benutzt Hölderlin eine Mischung aus Jambus und Anapäst. Der Literaturkritiker Marcel Reich-Ranicki hielt dieses Gedicht für ein Wunder der deutschen Sprache, weil in ihm Gefühl und Gedanken, Form und Gehalt eine vollkommene Einheit bildeten.

Wilhelm Müller: Der Lindenbaum (1821)

Am Brunnen vor dem Tore
Da steht ein Lindenbaum:
Ich träumt in seinem Schatten
So manchen süßen Traum.

Ich schnitt in seine Rinde
So manches liebe Wort;
Es zog in Freud und Leide
Zu ihm mich immer fort.

Ich musst auch heute wandern
Vorbei in tiefer Nacht,
Da hab ich noch im Dunkeln
Die Augen zugemacht.

Und seine Zweige rauschten,
Als riefen sie mir zu:
Komm her zu mir, Geselle,
Hier findst du deine Ruh!

Die kalten Winde bliesen
Mir grad ins Angesicht,
Der Hut flog mir vom Kopfe,
Ich wendete mich nicht.

Nun bin ich manche Stunde
Entfernt von jenem Ort,
Und immer hör ich´s rauschen:
Du fändest Ruhe dort!

Ein Wanderer besucht, bevor er zu einer Reise aufbricht, noch einmal einen Lindenbaum, der am Brunnen vor dem Stadttor steht. Mit diesem Baum verbinden ihn tiefe Gefühle, weil er ihn bei seelischen Krisen immer als Zufluchtsstätte aufgesucht hat. Außerdem hat er, was Jugendliche gerne tun, Liebesbotschaften in den Stamm geritzt. Beim Abschied kommt es ihm so vor, als riefen die rauschenden Äste des Baumes ihn dazu auf, in der Heimat zu bleiben („Hier findst du deine Ruh!"). Das Fernweh siegt und der junge Mann zieht in die weite Welt hinaus. Dort erwarten ihn Gefahren und Zumutungen, die der Dichter durch das Bild unterstreicht, dass dem Wanderer der Hut vom Kopf geweht wird. Dieses eindrückliche Bild sollte 90 später der expressionistische Dichter Jakob van Hoddis in seinem berühmten Gedicht „Weltende" aufgreifen: „Dem Bürger fliegt vom spitzen Kopf der Hut." Der Wanderer des Gedichts hat die Stürme des Lebens (vorläufig) überstanden. Aus der Ferne erinnert er sich an das Rauschen des Lindenbaums und an dessen Verlockung, ihm Ruhe und Harmonie zu gewähren. Die melancholische Grundstimmung des Gedichts legt die Deutung nahe, dass mit dem Vers „Du fändest Ruhe dort!" auch die ewige Ruhe im Tod gemeint sein könnte.

Der Platz unter dem Lindenbaum galt in der Epoche der Romantik als Ort romantischer Sehnsucht nach dem richtigen Leben („Ich träumt in seinem Schatten / So manchen süßen Traum") und nach ewiger Ruhe im Tod. Jede Gemeinde hatte im 19./19. Jahrhundert eine Dorflinde, die mit einer Rundbank versehen war, auf der sich die Dorfjugend gerne niederließ. Der intensive Duft, der sich bei der Blüte im Juni entfaltet, prägt sich jedem Menschen, der ihn einmal eingesogen hat, tief ein. Deshalb ist der Baum „am Brunnen vor dem Tore" ein Stück Heimat. Typisch romantisch ist die Vermenschlichung der Naturerscheinungen („Komm her zu mir, Geselle") und die Verwendung des Konjunktivs II („als riefen sie mir zu..."), die eine für die Romantik typische Als-ob-Haltung vermittelt.

Wilhelm Müller hatte die Gabe, seine Gedichte so gekonnt im Volksliedton zu dichten, dass man sie für echte Volkslieder hätte halten können. Die Strophenform, der sangbare Rhythmus und die eingängige Handlung tragen zum Volksliedcharakter seiner Gedichte bei, die gerne auch als „Lieder" bezeichnet werden. Im „Lindenbaum" benutzt der Dichter das Metrum des 3-füßigen Jambus mit männlichen und weiblichen Kadenzen.

Das Gedicht ist dem Gedichtzyklus „Die Winterreise" entnommen, den Wilhelm Müller 1823 veröffentlichte. 20 der Gedichte hat Franz Schubert in seinem gleichnamigen Liederzyklus vertont (D 911). 1813 nahm Wilhelm Müller als Student der Philologie als Freiwilliger an den Befreiungskriegen gegen Napoleon teil. In Berlin besuchte er literarische Salons und lernte dort die Dichter Gustav Schwab, Achim von Arnim, Clemens von Brentano und Ludwig Tieck kennen. Er starb mit nur 32 Jahre an einem Herzinfarkt.

Thomas Mann hat dem „Lindenbaum" seine literarische Referenz erwiesen, indem er den Helden seines Romans „Der Zauberberg", Hans Castorp, im Ersten Weltkrieg mit diesem Lied auf den Lippen aufs Schlachtfeld in Frankreich stürmen lässt. Darin drückt sich die Kritik des Schriftstellers an einer nationalistischen Politik aus, die die romantischen Gefühle der männlichen Jugend für schändliche Kriegszwecke missbraucht.

Wilhelm Hauff: Reiters Morgengesang (1824)

Morgenrot,
Leuchtest mir zum frühen Tod?
Bald wird die Trompete blasen,
Dann muss ich mein Leben lassen,
Ich und mancher Kamerad.

Kaum gedacht,
War der Lust ein End gemacht!
Gestern noch auf stolzen Rossen,
Heute durch die Brust geschossen,
Morgen in das kühle Grab.

Ach, wie bald
Schwindet Schönheit und Gestalt!
Tust du stolz mit deinen Wangen,
Die wie Milch und Purpur prangen?
Ach, die Rosen welken all!

Darum still
Füg ich mich, wie Gott es will.
Nun, so will ich wacker streiten,
Und sollt ich den Tod erleiden,
Stirbt ein braver Reitersmann.

Das Gedicht trägt den Untertitel: „Nach einem schwäbischen Volkslied". Es gehört zu den Studentenliedern, die Wilhelm Hauff 1823 und 1824 gedichtet hat, als er im Evangelischen Stift der Universität Tübingen studierte. Das Lied wurde in das Kommersbuch, das Liederbuch der Studentenverbindungen, aufgenommen. Hauff war Mitglied der Burschenschaft „Germania Tübingen".

Ein Kavallerist sieht, als er das Morgenrot wahrnimmt, dem Tag mit der Befürchtung entgegen, er könnte an diesem Tag den Tod erleiden. Im Volksglauben, z.B. in den Bauernregeln, werden mit dem Abendrot günstige Prognosen wie gutes Wetter verbunden. Mit dem Morgenrot assoziiert man eher Unheil und Unglück. Schon die Bibel setzt diese unterschiedlichen Akzente: „Es wird heute Ungewitter sein, denn der [morgendliche] Himmel ist rot und trübe." (Matthäus 15,2 u.3). Der Soldat weiß um den Gegensatz von militärischer Heldenverehrung zu Friedenszeiten und dem erbärmlichen Tod auf dem Schlachtfeld. Die „stolzen Rosse", „Schönheit und Gestalt" stehen für den Glanz des Soldatenberufs, den man in Friedenszeiten als ehrenvoll empfindet. Wenn der Soldat im Kampf tödlich verletzt wird, bleibt von Ruhm und Ehre nur das „kühle Grab". Im Stil barocker Lyrik vergleicht Hauff das jugendliche Gesicht des Soldaten mit einer Rose und mit rotem Purpur. Beides wird vergehen, wenn der Tod den Soldaten ereilt. Die vierte Strophe nimmt eine überraschende Wendung. Aus der Todesgewissheit zieht der Soldat nicht die naheliegende Konsequenz, aus der Armee zu desertieren. Nein, er fügt sich als „braver Reitersmann" in sein Schicksal, das auch den Tod bereithält. Das Adjektiv „brav" hatte im 19. Jahrhundert die Bedeutung von mutig und rechtschaffen. Der Soldat fügt sich in sein Schicksal mit Hinweis auf Gottes Willen. Die Fürsten und Könige, die auch oberste Befehlshaber der Armee waren, gerierten sich als Herrscher von Gottes Gnaden. Deshalb wäre eine Befehlsverweigerung zugleich ein Verstoß gegen Gottes Willen gewesen. Die Wehrmacht des Nationalsozialismus setzte die preußische Tradition fort und prägte auf das Koppelschloss der Soldaten den Spruch „Gott mit uns". Militärpfarrer segneten die Waffen, die anschließend die Soldaten des Feindes töteten. Heute verabscheuen wir eine solche Instrumentalisierung des christlichen Glaubens für kriegerische Zwecke.

Das Metrum des Gedichts ist der vierfüßige Trochäus. Die verkürzten Verse zu Beginn jeder Strophe enthalten nur zwei Hebungen. Die vier ersten Verse jeder Strophe bilden Paarreime. Der fünfte Vers steht reimlos für sich.

Friedrich Silcher hat das Lied 1826 für Männerchor vertont.

Wilhelm Hauff wurde nur 25 Jahre alt. In der kurzen Schaffenszeit, die ihm blieb, schrieb er unvergängliche Werke, vor allem Märchen und Sagen: „Das Wirtshaus im Spessart", „Das kalte Herz", „Kalif Storch" und „Zwerg Nase". Sein historischer Roman „Lichtenstein" wurde so berühmt, dass Herzog Wilhelm von Urach das Schloss Lichtenstein nach Hauffs Beschreibung errichten ließ.

Gottfried Keller: Abendlied (1879)

Augen, meine lieben Fensterlein,
Gebt mir schon so lange holden Schein,
Lasset freundlich Bild um Bild herein:
Einmal werdet ihr verdunkelt sein!

Fallen einst die müden Lider zu,
Löscht ihr aus, dann hat die Seele Ruh';
Tastend streift sie ab die Wanderschuh',
Legt sich auch in ihre finst're Truh'.

Noch zwei Fünklein sieht sie glimmend steh'n
Wie zwei Sternlein, innerlich zu seh'n,
Bis sie schwanken und dann auch vergeh'n,
Wie von eines Falters Flügelweh'n.

Doch noch wandl' ich auf dem Abendfeld,
Nur dem sinkenden Gestirn gesellt;
Trinkt, o Augen, was die Wimper hält,
Von dem goldnen Überfluss der Welt!

Die Todesgewissheit, die das Gedicht ausdrückt, führt das lyrische Ich nicht zu Trauer und Verzweiflung, sondern zu einer lebensbejahenden Haltung. Am Beispiel der Augen wird gezeigt, wie das Leben des Menschen erlischt. Die Augen werden als Fenster zur Welt betrachtet, die dem Menschen positive Eindrücke vermitteln. Erst wenn das Augenlicht erloschen ist, ist der Mensch tot und mit ihm die Seele, die in der christlichen Vorstellung unsterbliche Substanz. Das Leben wird als Wanderschaft beschrieben, an dessen Ende sich die Seele mit dem Körper zur Ruhe legt. Von einer Auferstehung im christlichen Sinn und einem Weiterleben nach dem Tode ist nicht die Rede. Der Sterbevorgang wird sehr zart ausgemalt. Das Augenlicht erlischt ganz sacht, als würden zwei Kerzen von dem Windhauch eines Schmetterlingsflügels ausgelöscht. Nichts findet sich von einem Tod in Verbitterung nach qualvollem Leiden. Genauso harmonisch, wie das Leben gesehen wird, wird auch der Tod ausgemalt: als friedvolles Erlöschen. Die letzte Strophe formuliert die Maxime, dass auch noch die letzten Augenblicke vor dem Sterben zum vollen Lebensgenuss genutzt werden sollen. Das Gedicht gewinnt aus einer lebensbejahenden Grundhaltung einen gelassenen Umgang mit dem Tod. Gleichzeitig verabschiedet es sich von der christlichen Vorstellung, der zufolge das Leben ein "irdisches Jammertal" sei, das durchlitten werden müsse, um nach der Auferstehung von den Toten das göttliche Paradies zu gewinnen. Im Widerstreit zwischen den mittelalterlichen Mahnungen "memento mori'" (gedenke des Todes) und "carpe diem" (nutze den Tag) entscheidet sich das Gedicht von Gottfried Keller eindeutig für den Lebensgenuss. Der Dichter-Kollege Theodor Storm, der dem Schweizer Dichter in Freundschaft zugetan war, nannte dieses Gedicht "das reinste Gold der Lyrik". Zurecht.

Conrad Ferdinand Meyer: Schwüle (1864)

Trüb verglomm der schwüle Sommertag,
Dumpf und traurig tönt mein Ruderschlag -
Sterne, Sterne - Abend ist es ja -
Sterne, warum seid ihr noch nicht da?

Bleich das Leben! Bleich der Felsenhang!
Schilf, was flüsterst du so frech und bang?
Fern der Himmel und die Tiefe nah -
Sterne, warum seid ihr noch nicht da?

Eine liebe, liebe Stimme ruft
Mich beständig aus der Wassergruft -
Weg, Gespenst, das oft ich winken sah!
Sterne, Sterne, seid ihr nicht mehr da?

Endlich, endlich durch das Dunkel bricht.
Es war Zeit! - ein schwaches Flimmerlicht.
Denn ich wusste nicht, wie mir geschah.
Sterne, Sterne, bleibt mir immer nah.

Das Gedicht gestaltet den Zwiespalt des lyrischen Ichs, einer Todessehnsucht nachzugeben oder sich ins Leben zu retten. Der Sprecher rudert am Ende eines "schwülen Sommertags" auf einem See. Der Abend zieht herauf. Das lyrische Ich verspürt den Drang, sich in die Tiefen des Sees hinabzustürzen, um seinem Leben ein Ende zu bereiten. Die Verlockung zum Suizid hat den Sprecher schon des Öfteren heimgesucht. Die Stimme der Todesverlockung wird als "lieb" beschrieben, vermutlich im Kontrast zu einem unerfüllten oder beschwerlichen Leben. Die Rettung bewirken die am Nachthimmel aufgehenden Sterne. Sie vermögen es, die aufgewühlte Seele des Sprechers zu besänftigen. Das Gedicht hat eine dramatische Struktur, die durch den letzten Vers einer jeden Strophe bewirkt wird. Der Sprecher sehnt sich nach den Sternen und kleidet diesen Wunsch in eine Frage: "Sterne, warum seid ihr noch nicht da?" - In der dritten Strophe wird die Frage zur bangen Vermutung, die Sterne würden nie mehr erscheinen. In der letzten Strophe werden sie beschworen, für immer da zu bleiben, um dem Sprecher bei der Abwehr seiner Todessucht beizustehen.

Es gibt viele Schlaflieder für Kinder, in denen die Sterne vorkommen. Das bekannteste ist "Weißt du, wieviel Sternlein stehen?" Anscheinend lassen sich Kinder besonders gut in den Schlaf singen, wenn sie die beruhigende Vorstellung haben, dass die Sterne am Himmel ihren Schlaf bewachen. Vielleicht hat der Dichter Conrad Ferdinand Meyer sich solcher Kinderlieder erinnert, als er das Gedicht schrieb. Damals war er keineswegs im fortgeschrittenen Alter und wegen Altersgebrechen des Lebens überdrüssig, sondern erst 41 Jahre alt. Er wurde jedoch häufig von seelischen Krisen heimgesucht, die ihn in psychiatrische Behandlungen zwangen. Darin könnte der Grund für die Entstehung dieses Gedichts liegen, das unverhohlen mit dem Wunsch spielt, sich das Leben zu nehmen.

Der erste Dichter von Rang, der dem Recht auf Selbstmord eine Lanze brach, war Johann Wolfgang von Goethe. In seinem Jugendroman "Die Leiden des jungen Werthers" lässt er Werther im Streitgespräch mit seinem Rivalen Kestner die berühmten Worte sagen: "Wir nennen das eine Krankheit zum Tode." Der Skandal, der dadurch ausgelöst wurde, führte dazu, dass der "Werther" in einigen Ländern Deutschlands verboten wurde. Heute hat sich Goethes Meinung durchgesetzt. Selbstmordgefährdeten wird ohne Stigma jede erdenkliche Hilfe angeboten.

Georg Trakl: Im Herbst (1913)

Die Sonnenblumen leuchten am Zaun,
Still sitzen Kranke im Sonnenschein.
Im Acker mühn sich singend die Frau'n,
Die Klosterglocken läuten darein.

Die Vögel sagen dir ferne Mär',
Die Klosterglocken läuten darein.
Vom Hof tönt sanft die Geige her.
Heut keltern sie den braunen Wein.

Da zeigt der Mensch sich froh und lind.
Heut keltern sie den braunen Wein.
Weit offen die Totenkammern sind
Und schön bemalt vom Sonnenschein.

Thema des Gedichts ist die Nähe des Todes mitten im blühenden Leben. Das Gedicht entwirft die Szenerie einer dörflich-bäuerlichen Umgebung. Der Herbst entfaltet eine wohlige Wärme, die die Sonne spendet. Von ihr profitieren die Blumen, aber auch kranke Menschen, die sich in die Sonne begeben. Die Frauen, die auf dem Acker arbeiten, zeigen ihre Lebenslust im Gesang. Nur die Glocken des nahen Klosters erinnern daran, dass es jenseits des erfüllten Lebens eine stete Bedrohung gibt: den Tod. Die Vögel, die sich für den Flug gen Süden sammeln, regen Fantasie und Fernweh der Menschen an. Die tönende Geige steht wie der Wein, der gekeltert wird, für Lebensfreude. Eine Disharmonie entsteht durch das Wort "Totenkammern". Es meint die Zimmer, in denen die Toten aufgebahrt werden, bevor sie bestattet werden. Dass sie offenstehen, soll bedeuten, dass der Tod jederzeit auf den Plan treten und seine Opfer fordern kann. Die Nähe von Leben und Tod wird durch den Hinweis verdeutlicht, dass die Totenkammern vom Sonnenschein "bemalt" werden. Das Gedicht drückt die christliche Botschaft aus, dass man mitten im Leben vom Tod umfangen ist: "Memento mori!" (Gedenke des Todes!). Auffällig an der Form des Gedichts sind zwei Verswiederholungen. Das Keltern des Weines und das Läuten der Glocken werden dadurch betont. Zwei Dinge prägen demnach den menschlichen Alltag auf dem Lande: die Sorge um das leibliche Wohl (Genussmittel Wein) und um das seelische Heil (Glocken).

Georg Trakl war seit seiner Gymnasialzeit drogenabhängig. Als er eine Lehre als Apothekenhelfer beginnt, hat er leichten Zugang zu Medikamenten, die Drogen ersetzen können. Im Ersten Weltkrieg wird Trakl als Leutnant einer Sanitätskompagnie zugewiesen. Im Lazarett muss er hilflos mit ansehen, wie die Verwundeten qualvoll sterben, weil die Ausstattung mit Hilfsmitteln und Medikamenten mangelhaft ist. Er erleidet einen Nerven-zusammenbruch und wird in Krakau ins Militärhospital eingewiesen. Dort nimmt er sich 1914 - er ist erst 27 Jahre alt - mit einer Überdosis Kokain das Leben. Die meisten Gedichte Trakls verkörpern eine düstere, traurige und trostlose Stimmung. Sie lassen den Schluss zu, dass der junge Dichter seiner seelischen Dämonen nicht immer Herr zu werden wusste. Gleichwohl gehören seine Gedichte zum Schatz der deutschen Poesie. Sie sind großartige Zeugnisse der Literaturepoche, die man später Expressionismus genannt hat.

Rainer Maria Rilke: Schlussstück (1906)

Der Tod ist groß.
Wir sind die Seinen
lachenden Munds.
Wenn wir uns mitten im Leben meinen,
wagt er zu weinen
mitten in uns.

Das Gedicht enthält eine Botschaft, die den Menschen seit jeher geläufig ist und die alle Weltreligionen kennen: Der Mensch kann den Zeitpunkt seines Todes nicht vorhersagen. Martin Luther hat 1524 einen gregorianischen Choral von 750 aus dem Lateinischen ins Deutsche übertragen. Die ersten beiden Verse lauten: "Mitten wir im Leben sind / mit dem Tod umfangen." Das Lied findet sich im evangelischen Gesangbuch unter Nr. 518, im katholischen "Gotteslob" unter Nr. 503.

Im Alten Testament gibt es die Geschichte von Hiob, über den Gott fürchterliche Strafen verhängt hat. Die schlimmste ist, dass seine zehn Kinder in einem Wüstensturm sterben. Doch Hiob hadert nicht mit Gott. Ihm ist bewusst: Gott hat das Recht, zu geben und zu nehmen. In dieser Glaubenshaltung sagt er sich nicht von Gott los, sondern betet ihn vertrauensvoll an. Diese Geschichte einer Glaubensprüfung hat Goethe seinem "Faust"-Drama zugrunde gelegt.

Das Rilke-Gedicht greift die Vorstellung auf, dass es dem Tod gleichgültig ist, wen er heimsucht: das Kind, das - seinem Ball hinterher rennend - von einem Auto erfasst wird; den Ski-Fahrer, der von einer Lawine in den Abgrund gerissen wird; die Mutter, die bei der Geburt ihres Kindes stirbt; aber auch die 95-jährige Großmutter, die nach einem erfüllten Leben friedlich einschläft. Rilke will zeigen, dass es keinen Sinn ergibt, mit dem Tod zu hadern, weil er ungerecht verfährt. Im Mittelalter haben die Menschen dafür das Bild des Totentanzes erfunden, das den Tod als menschliches Gerippe zeigt, das sich in den Lebenstanz der sozialen Schichten mischt und den Leibeigenen genauso heimsucht wie König und Papst. Wie könnte man im Sterben der Menschen einen Sinn erkennen, wenn man an das grausame Geschehen im Holocaust denkt, wo Millionen Juden fabrikmäßig ermordet wurden. Vielleicht hilft die fatalistische Haltung, die uns Gottfried Benn empfiehlt: "Es gibt nur eines: ertrage dein fernbestimmtes: Du musst."

Hermann Hesse: Vergänglichkeit (1919)

Vom Baum des Lebens fällt
Mir Blatt um Blatt,
O taumelbunte Welt,
Wie machst du satt,
Wie machst du satt und müd,
Wie machst du trunken!
Was heut noch glüht,
Ist bald versunken.
Bald klirrt der Wind
Über mein braunes Grab,
Über das kleine Kind
Beugt sich die Mutter herab.
Ihre Augen will ich wiedersehn,
Ihr Blick ist mein Stern,
Alles andre mag gehn und verwehn,
Alles stirbt, alles stirbt gern.
Nur die ewige Mutter bleibt,
Von der wir kamen,
Ihr spielender Finger schreibt
In die flüchtige Luft unsre Namen.

Ein Leben voll intensiven Genusses geht zu Ende. Der Sprecher ist davon müde und ausgebrannt. In einer Art Vision sieht er, wie sich die Mutter über sein Grab beugt. Er sieht sich als kleines Kind, das in die Augen der Mutter blickt. Dabei entsteht der Gedanke an "Mutter Natur", die ewig ist, weil sie immer wieder aufs Neue Leben hervorbringt. Deshalb wird das Leben an sich nie aussterben, auch wenn einzelne Lebewesen vergehen. In der bunten Vielfalt des Lebens auf der Erde ist der Mensch nur ein flüchtiges Wesen. Das Gedicht zeigt die letztlich zuversichtliche Lebenshaltung des Dichters: Der Tod des einzelnen wird durch die Wiedergeburt des Lebens in anderer Form aufgehoben. Hesse hat der weltanschaulichen Substanz des Gedichts Bildhaftigkeit und Prägnanz verliehen, vor allem durch das Stilmittel der Metapher. Durch die parallele Satzbildung und das dreifach verwendete „Wie" am Versanfang (V. 4-6) wirkt die Aussage eindringlich, fast beschwörend. Dasselbe Stilmittel findet sich noch in den Versen 10/11 und 15/16.

Hesse war zeit seines Lebens ein Suchender. Als Dichter mit ausgeprägter Spiritualität rezipierte er Lehren aus verschiedenen Weltanschauungen und Religionen, vor allem solche, die seinem pazifistischen und freiheitsliebenden Wesen entsprachen. Nach einer Asienreise integrierte er indische

Weisheitslehren wie den Taoismus in sein Werk, deutlich zu erkennen in der Erzählung "Siddhartha". Aus Asien bezog er auch die dem Christentum widersprechende Lehre von der Wiedergeburt allen Lebens in neuen Formen. An der Vorstellung, dass der Weg zur Weisheit über die Spiritualität des Individuums führt, hielt Hesse bis zu seinem Tod fest. Ideologischen Heilsversprechungen von Institutionen hat er stets misstraut.

Abbildungsverzeichnis

Der Mensch:
Albrecht Dürer: Portrait eines bärtigen alten Mannes;
© *Kunst für alle*

Die Liebe:
Otto Mueller: Liebespaar, 1919, © *Kunst für alle*

Die Natur:
Moor bei Worpswede; Aquarell: Rainer Werner

Die Gesellschaft:
Die Mauer am Brandenburger Tor, kurz vor ihrem Verschwinden © *Dagmar Denzin*

Vergänglichkeit und Tod:
Grab auf dem Jüdischen Friedhof von Breslau © *Dagmar Denzin*

RAINER WERNER

WAS BLEIBT, STIFTEN DIE DICHTER

DICHTER UND IHRE WERKE
VOM BAROCK BIS ZUR GEGENWART

VERLAG AURIGA

Rainer Werner
Was bleibt, stiften die Dichter

Deutschlehrer unterschätzen oft das Potential, das in der Biografie der Dichter verborgen liegt. Natürlich muss man bei der biografischen Deutung von Literatur die Vermittlungsschritte bedenken, die zwischen den Lebensumständen der Dichter und ihren Werken liegen. Literatur enthält neben gesellschaftlichen und biografischen Aspekten immer auch einen autonomen Kern, der im philosophischen Gehalt und der ästhetischen Struktur der Werke begründet liegt. Doch Schüler möchten wissen, welcher Liebesbeziehung sich Goethes berühmtes Gedicht „Willkommen und Abschied" verdankt. Sie möchten erfahren, in welcher Lebenssituation und geistigen Verfassung Franz Kafka war, als er eine Erzählung schrieb, in der sich ein junger Mann eines Morgens in einen Käfer verwandelt sieht.

Dieses Buch soll den Lehrkräften dabei helfen, den Schülern die Vita der großen deutschen Dichter näher zu bringen. In jedem Dichterporträt werden die wichtigsten Lebensstationen benannt und die in der jeweiligen Phase entstandenen Werke in knapper Form interpretiert. Im Zentrum stehen Werke, die auch heute noch Gegenstand des Literaturunterrichts sind.